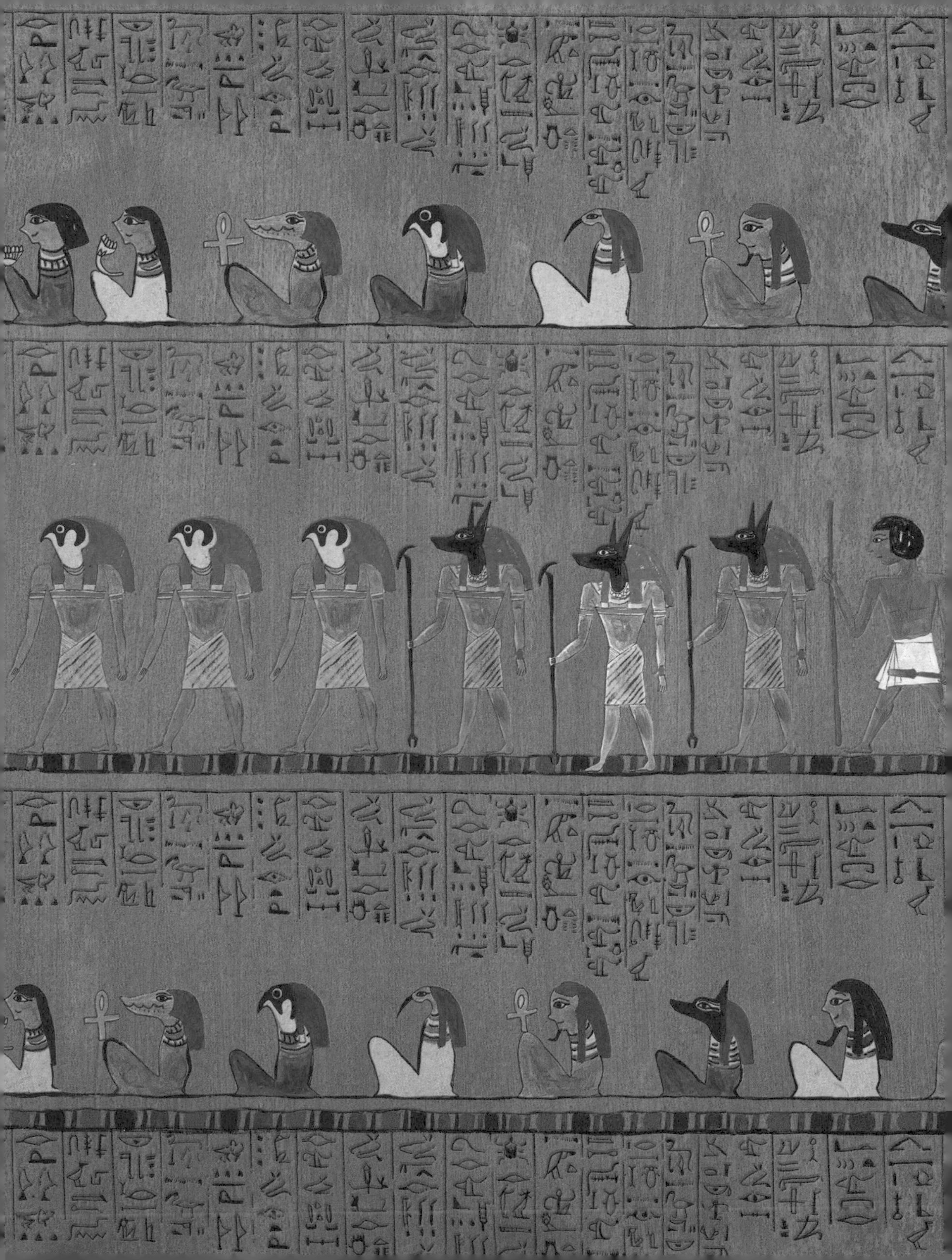

# 埃及金字塔遠征記

文◇王文華　圖○貓魚
審訂／中興大學歷史系教授 周樑楷

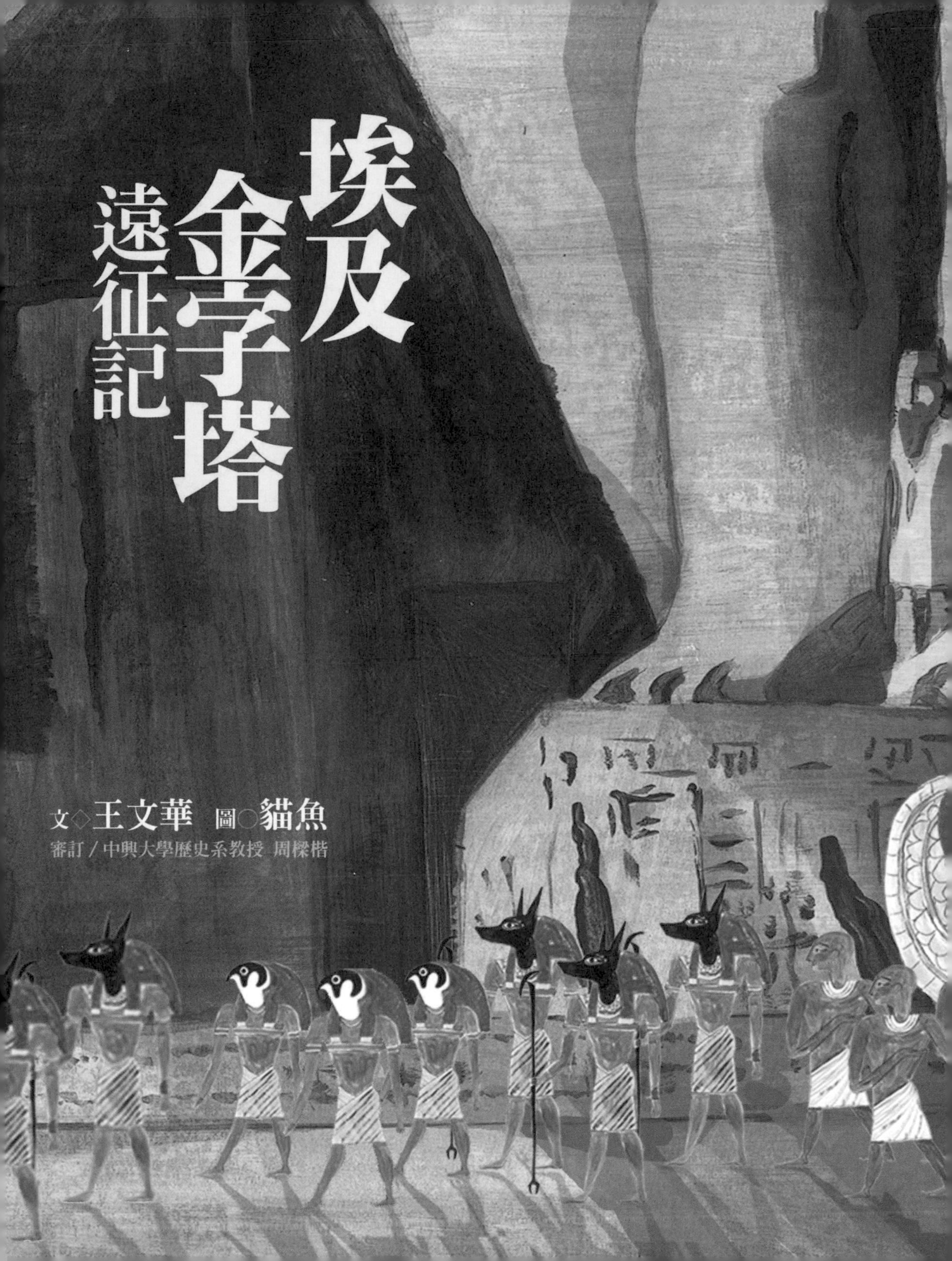

# 楔子——你可能不知道的可能小學

可能小學名氣大，交通便利，位置適中，很多人卻不找到它。最大的原因是：它位於動物園捷運站的下一站，這一站只有可能小學的孩子才能搭，所以，想去拜訪它的人，往往去不了。

其實，動物園裡有條小路，直達可能小學。

先從非洲動物區出發，經過元氣獅子籠，穿越震震大象區，鑽過

四隻犀牛的肚子下，跳過六隻沼澤鱷魚的背；當你跳上岸，你就進入可能小學的後校園。

這本來是個天大的祕密，卻被一個遊客無意中發現了——

那個遊客不小心闖進非洲動物區，先被獅子追，又被大象趕；他幸運的躲進犀牛的肚子下，沒想到犀牛一生氣，一踢，他就這麼飛越過沼澤鱷魚正在打哈欠的嘴巴，掉進可能小學後校園。

一個頭髮像鍋蓋的男孩過來，拿著鍋鏟，把他帶出可能小學：「不好意思，這裡是學生學習的地方。」

遊客搖搖頭：「用鍋鏟管秩序？」

鍋蓋頭男孩說：「不好意思，我在上課。」

說話的人其實不是男孩，他只是身材像男孩，卻是可能小學新來的社會老師。他的課，全校都想參加。

不光是學生，連老師、校長、廚房阿姨和工友伯伯，他們也都想聽課。

或許你會說：「不可能，怎麼會有這種事？」別忘了——在可能小學裡，沒有不可能的事。

別的學校有的課，可能小學通通都有，而且比它們的還精采。

但是可能小學特有的課，其他小學可能連聽都沒聽過呢——

四年級搭實驗火箭進入太空觀察地球。

五年級自造一項交通工具，搭它來上學。

六年級的孩子寫信邀請外星人到地球參觀，目前已有六位外星通訊官快要抵達，只是外星和地球距離遠，據小朋友報告，最快的那位還要六光年。

可能小學的每堂課都這麼特別，再來一堂專門給全校參加，有什麼不可能呢？

鍋蓋老師的名字叫做郭概，他身材削瘦，個子矮小，常被認為是小學生。為了不想再被誤認為是小孩，鍋蓋老師最近特別去燙了時髦的捲髮，結果燙壞了，現在頭上像有一碗泡麵倒在鍋蓋上。

鍋蓋老師當過廚師，工作過的餐廳都拿到「冰淇淋四星」的榮譽勳章。為了追求更多料理知識，他研究各地飲食文化，發現：「料理是一門最古老的社會學，由不同的地理與歷史文化，變化出最獨特的飲食。想了解社會學，要從了解那裡的食物開始。」

「為什麼？」可能小學的校長很好奇。

「食材跟農業有關，烹調手法與文化相連；說到醬料與調味，那是習俗；擺盤的美感和出菜的順序是心理學……。各民族各文化都因為飲食發出最美的香氣，例如埃及……」

「太複雜了啦！」小朋友喊。

「沒問題，『說得再多不如再上幾道菜』——這是廚師的諺語。」

一張長桌擺滿食物，鍋蓋老師拿著鍋鏟揮舞：「今天這堂課，我們來上『古埃及』。桌上的食材全來自埃及：無花果麵包，蜂蜜蛋糕，新鮮的椰棗、梨子和葡萄，還有烤鴨、燉肉和烤魚——這條魚來自尼羅河……」

他邊煮菜邊上課，教室後面的多媒體影音設備播放介紹埃及的影片，讓大家在香氣裡認識這個古文明。等到他一喊「開動」——

他的課受歡迎，「吃」是原因之一。

「老師，我還要再來一盤烤鴨。」一個孩子說。

鍋蓋老師只肯再給他一小片：「古人說，吃飯吃得八分飽，健康沒煩惱。不是我吝嗇，而是你得留意肚子變太大。」

老師的話，讓大家笑哈哈。

你或許會懷疑，怎麼可能有這種課程？

別忘了，這兒是可能小學，什麼事都有可能。

那今天……

「今天的菜，上桌才知道。」這是鍋蓋老師的口頭禪。

因此，所有的孩子都帶著興奮的心情，好奇的眼睛，還有滿滿的期待——

他們跳下可能小學站，急著衝進解謎的大門。
六月南風吹，可能小學的夏日課，上課了。

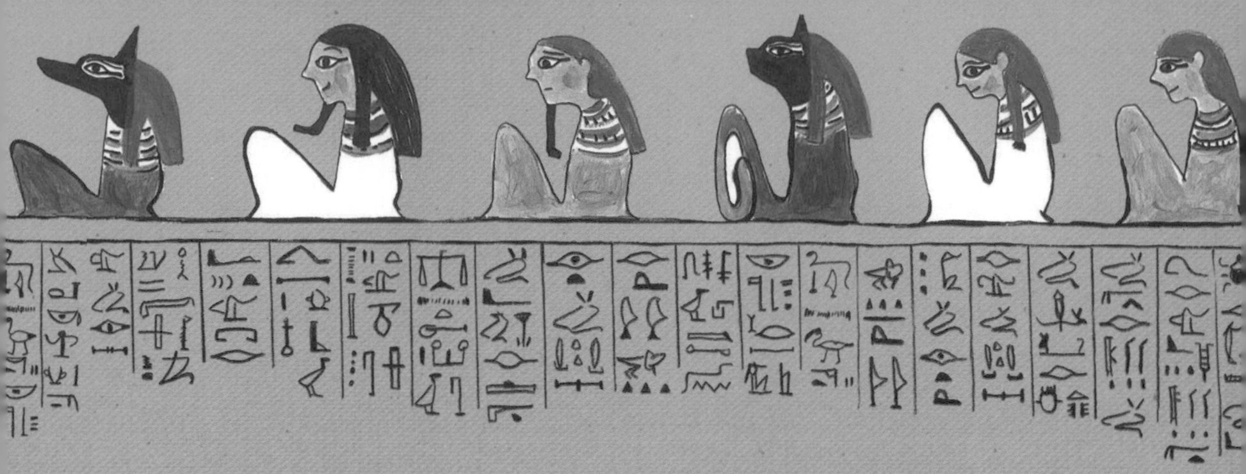

# 目錄



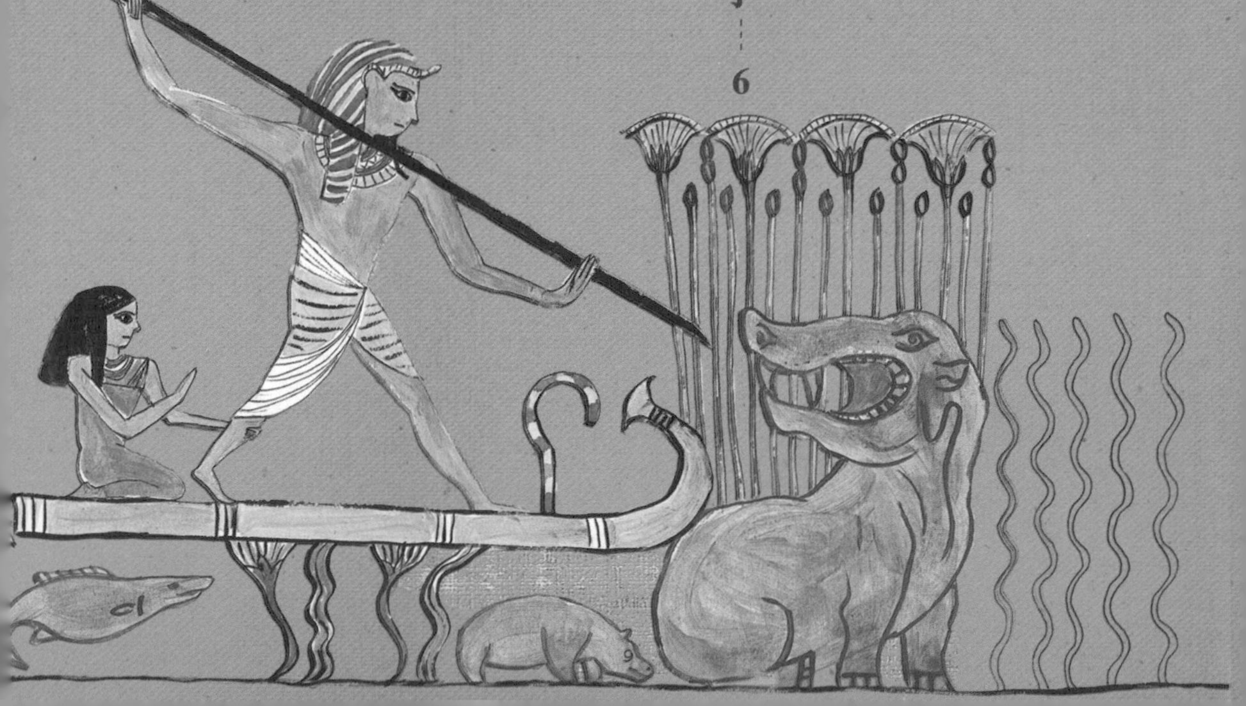

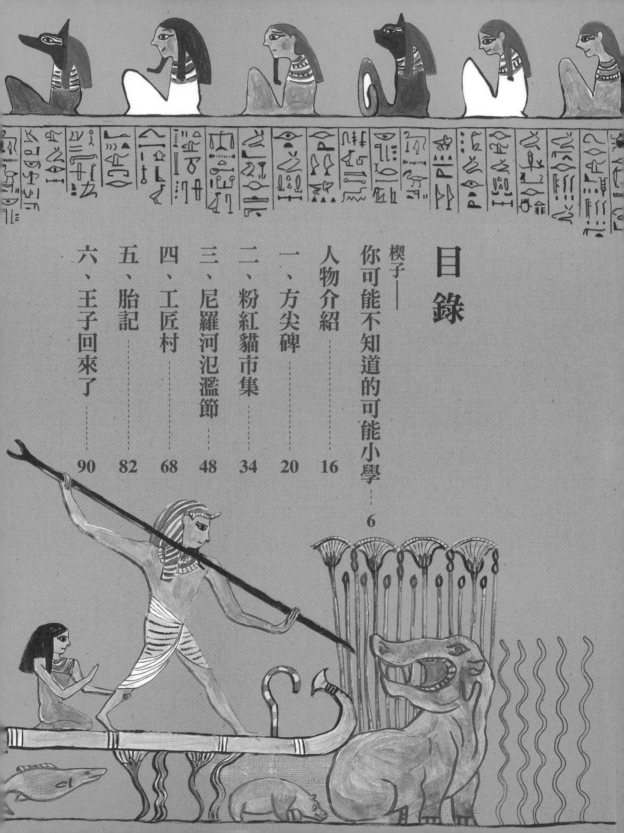

# 人物介紹

## 鍋蓋老師

可能小學新來的社會科老師，身材矮小，頂著一頭燙壞的短捲髮，活像一碗泡麵倒在鍋蓋頭上。他原來是廚師，從食材裡發現了貫通古今中外的大道理，所以決定轉行當老師。最愛用廚師的諺語來勉勵小朋友。

# 劉星雨

身材高䠷，皮膚黝黑，五官深邃，是可能小學百米賽跑紀錄保持人，也是游泳比賽一百公尺蝶式的冠軍，全身充滿運動細胞。同學覺得他跑得快，跳得高，簡直就像一陣流星雨，但是他覺得這不算什麼：「有一天我還要挑戰奧林匹克運動會呢。」

# 花至蘭

皮膚白皙，喜歡沉思與觀察。父母都是大學的生物系教授，她從小跟著父母上山下海做田野調查；國家公園是她的好朋友，百科全書是她小時候的讀物。她立志長大後一定要讀到雙博士，拿到諾貝爾獎是她最大的志願。

## 田拉米蘇

古埃及大祭司，號稱擁有無上的神力，是太陽神在人間的僕人，管理古埃及最大的神廟，連王后都畏懼他三分。法老王過世後，他除了主持祭典，最大的任務是尋找小王子的下落；而這回，他在工匠村裡，找到了失蹤中的小王子。

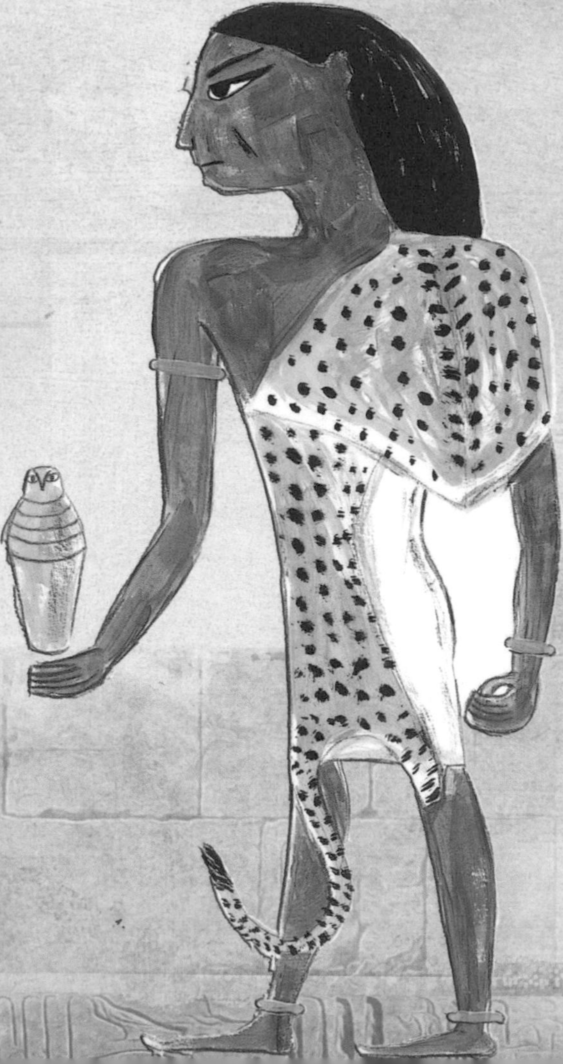

## 庫沙利

古埃及祭司的助手的助手的助手，懂得抄寫埃及象形文字。他的身世是一個謎，只知道他被真理村的工匠撫養長大，因為聰明又好學，後來被祭司的助手的助手相中，把他挖角去幫祭司的忙。

## 王后

端莊賢淑，溫柔大方。法老王的孩子們一個個死於意外，而法老王更被一頭抓狂的河馬吃掉，這麼多的打擊並沒有讓她膽怯。她主持國政，對抗祭司，更要從一大群自稱是王子的男孩中，找出真正的埃及王子——她辨得到嗎？

# 1 方尖碑

六月清晨的山谷，涼涼的。

一隻小青蛙被一個可怕的夢嚇醒。

牠睜開惺忪的眼睛習慣性的看看天空——哎呀，天上有隻大老鷹。

小青蛙悄悄挪動身體，拉片葉子遮住自己，回頭朝著洞裡的大青

蛙、小青蛙喊著：「鷹襲警報，鷹襲警報！」

散步的母雞聽見這陣囂鬧，也對著孩子喊：

「一毛、二毛、三毛和四毛，快跟媽媽躲起來。」

四隻小雞躲在媽媽的翅膀下。

一隻小雞跟在後頭邊哭邊跑——那是五毛。

他哭著說：「媽媽不愛我，沒有點到我；媽媽不愛我，我還是給老鷹吃了吧。」

這隻可憐的小雞，只因為媽媽數學沒學好，傻呼呼的衝到空地亂跑。

一道黑影——是老鷹，它收斂雙翼，筆直的朝五毛飛下來。

五毛嚇得東跑西跑，天上的老鷹跟著東彎西彎。

「砰」的一聲，老鷹轉暈了頭，一頭撞上又高又尖的石柱。

母雞和牠的五個孩子拍拍手：「笨老鷹，每次方位都沒算準。」

老鷹直到落地前才想清楚：「原來牠們在演戲？」

對啊，在可能小學附近的動物，因為跟著上課上久了，也都變聰明了嘛——

讀書就有這種好處喔。

當老鷹在空中盤旋，花至蘭坐的捷運也快到可能小學站了。

她是五年級的學生，喜歡觀察大自然，這種老鷹她認識：「大冠鷲，希望牠這次運氣好一點，能找到食物吃。」

她想不透的是，可能小學什麼時候出現一根方尖碑？

「鍋蓋老師前幾天才提過方尖碑，但是，埃及人拿來當日晷、做紀念碑的方尖碑，怎麼會出現在這裡？」

「花枝丸。」一隻大手拍在她頭上，是她的同學劉星雨。

「要跟你說多少次，發音要標準——我是花至蘭，不是花枝丸。」

「哈哈哈，掉下去了。」劉星雨根本沒在聽她說話，因為他正好目睹大冠鷲撞上方尖碑。

「這裡不可能有方尖碑呀。」花至蘭很困惑。

「花枝丸，如果不可能，就不會叫做可能小學了嘛！」劉星雨說完，捷運列車剛好到了可能小學站。車門一打開，他大步跨出車廂，流星趕月般的跑到方尖碑下。

劉星雨跑得快，但是老鷹更快；牠揉揉撞疼了的頭，嘆口氣，飛上天。

空襲警報結束，五毛拍拍翅膀，跟在一個跑得氣喘吁吁的小女孩背後——

那是花至蘭。

「花枝丸，你用滾的會比跑的還要快。」劉星雨好心的建議。

花枝丸，不對，花至蘭推開他笑嘻嘻的臉，直瞪著校門口。

如劍般的埃及方尖碑下，社會科的鍋蓋老師正在發卡片。

「今天是古埃及文化週的總驗收，別忘了拿闖關卡。」

闖關卡上畫了五個圖案：

一隻老鷹、一隻鱷魚，一根像蘆葦的長草，一座金字塔，和一根彎彎的棍子——看起來像埃及國王用的權杖。

「當你找到這五個圖案，耳機會出聲提醒你，卡片上的圖案也會被打上圈圈。五個圈圈都找到，這堂古埃及的社會課你就能拿滿分。」鍋蓋老師說。

「這種闖關太簡單，我立刻去。」劉星雨拿著卡片就想衝進學校。鍋蓋老師遞給他一副耳機：「戴上它，再找個人跟你一組。」

「找人？」劉星雨拉著花至蘭，「就是她，全五年級知識最豐富的女生。有她的智慧，加上我的速度，我們如果不拿第一名，實在對不起大家。」

花至蘭把闖關卡接過去，她仔細的看著：「這種紙好特別，就像埔里人用甘蔗做出來的宣紙。我們上次戶外教學有去觀光工廠做過……」

「花枝丸，你邊走邊說行不行呀？」

劉星雨的動作快，花至蘭剛把闖關卡收好，他已經拉著花至蘭鑽過埃及士兵（警衛叔叔假扮）的彎刀，跟法老王（那是校長）鞠了個躬，接過埃及艷后（那是護士阿姨）遞來的服裝，笑嘻嘻的進了更衣室。

才一下子，劉星雨就赤著腳，穿著古埃及人的服裝出來：上身是一件薄到快透明的圓領短袖，下面竟然是亞麻布短裙。

「花枝丸，快點啦。」這種衣服實在讓劉星雨覺得尷尬。

「別叫我花枝丸，」花至蘭看著自己穿的無袖白長衫，覺得很有趣，「你看我像什麼……」

劉星雨退後一步：「嗯，不錯不錯，就像……一顆加長型的魚餃——走了吧？」

「哼，劉星雨，就算我是加長型的魚餃，也是最美味的火鍋料。」

他們終於準備好要進校門了，學校裡頭會有金字塔，還是人面獅身像？這些鍋蓋老師上課時都講過，但是，可能小學的古埃及課，還會有什麼驚喜呢？

一踏進校門，劉星雨開心的跳起來：「太帥了，鍋蓋老師說的神廟耶。」

才一個晚上，可能小學的禮堂已經變成埃及神廟——帆布遮住禮堂大門四周，上頭畫滿埃及象形文字；門口有幾隻或坐或站的駱駝；四個至少五、六層樓高的保麗龍神像，端坐在門口俯瞰他們。

更厲害的是兩人戴的耳機。

神廟前的衛兵有著棕色的皮膚，高挺的鼻子，兩眼還畫著黑黑的眼線：「歡迎來到阿布辛貝神廟。」



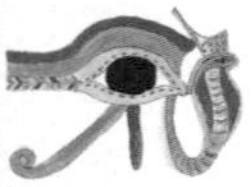

這些衛兵明顯是外國人，說不定還是埃及人；花至蘭覺得鍋蓋老師太厲害，居然找得到真正的埃及人來串場。但是，又覺得哪裡怪怪的……

「我聽得懂他的話？」花至蘭拿下耳機，士兵嘴裡的話變成一串嘰哩咕嚕；戴上耳機，她又聽到中文：「這是拉美西斯二世蓋的神廟。」

「拉美西斯二世？」花至蘭問，「他是誰呀？」

「埃及有史以來，最神聖偉大的法老王，也就是我們埃及人的國王。」這個士兵有張圓圓的笑臉：「拉美西斯二世是：太陽神之子；強壯的公牛；正義女神之所愛；埃及保護者；外邦征服者；偉大的勝利者；太陽神選中了他，拉美西斯，阿蒙神的最愛。」

這麼長的名字，劉星雨只記得幾個字：「什麼沙拉瓦斯，還有公牛……」

「強壯的公牛；正義女神之所愛；埃及保護者；外邦征服者；偉大的勝利者；太陽神選中了他，拉美西斯，阿蒙神的最愛。」花至蘭一口氣背完，衛兵給她一個讚許的眼神，做了個「請進」的動作。

劉星雨對沙拉瓦斯沒興趣，他只想趕快進神殿闖關，找到五個圖案，或許放學前還有時間去籃球場打場痛快的鬥牛。

花至蘭卻想知道，剛才她怎麼跟埃及士兵溝通的？

把耳機拿下來，她聽不懂埃及話。

戴上耳機後，埃及話變成中文；她說的話，那些士兵也聽得懂。

「原來這是雙向的即時翻譯耳機。」花至蘭興奮的說。

「太棒了！」劉星雨激動的大叫。

「對呀，前陣子網路上有人做了一個實驗機型，這是我第一次看見實體產品……」花至蘭還在研究那個耳機。

「不，我是說那裡，」劉星雨指著神殿旁的小石門，「你看——是鱷魚！」

「那是……？」

劉星雨催促花至蘭把闖關卡拿出來：「卡片上有鱷魚啊！」

沒錯，小石門上刻了一條鱷魚。

但是，說它是鱷魚好像也不對，因為它的頭是鱷魚，卻有著人類的身體，而且是直立的。

「啊，我記得，這是埃及的鱷魚神。鍋蓋老師說，他是埃及法老王的守護神。」花至蘭才剛伸手觸摸著那個鱷魚人，一股輕微的電流立刻傳到她的指尖。

「哎呀，漏電。」

她大叫時，性急的劉星雨已經推開石門，他也感覺到了——電流順著他的手來到身體，頭髮似乎因此根根豎起來。

他驚訝的看著花至蘭，花至蘭也是一臉古怪的表情。

耳機裡傳來一陣劈里啪啦的細微聲響。

那段時間有多久？

一秒鐘，兩秒鐘？還是十分鐘，甚至更久？

他們不清楚。

眼前的石門看起來很重，推起來卻毫不費力。

石門裡頭不暗，微光來自門上的小孔。
那是外頭的陽光，穿過鱷魚神像的眼睛，從門外照進來。
這道光往下延伸，照進一條通道。
這條往下的通道是二十六度角傾斜，和金字塔裡的走道一樣。

超時空翻譯機

# 古埃及

如果你是古代人，你會選擇住什麼地方呢？高山上，躲避野獸攻擊；大海邊，衝浪抓魚容易；河邊，取水捕魚方便？

聰明的古人都選擇住在河邊，至少生活用水方便，還能捕魚增加食物。中國人住黃河邊，印度人住恆河畔，而在非洲的埃及人就住在尼羅河邊。

古埃及從西元前三千一百年美尼斯大帝統一上下埃及開始，到西元前三百多年被亞歷山大統治前，將近有三千年。

我們現在知道的金字塔、木乃伊還有各種巨大的神廟建築，全是這些古代埃及人建造的；而卡夫拉大金字塔附近的人面獅身像，更被推斷出，至少有四千五百年的歷史。

卡夫拉金字塔與人面獅身像

哇，四千多年前的建築，竟然還能被我們看見，夠不夠神奇！更神奇的是，到目前為止，還沒有科學家找出究竟是誰建了它。

會不會是外星人呢？嗯，這或許又是另一個課題了。

在古埃及文明的遺址裡，人們發現上面刻滿了象形文字；它們和中國的甲骨文不同，它們表示的是一個一個的讀音，就像英文的二十六個字母，或我們常用的注音符號。

如果你對古埃及象形文字有興趣，可以試試下列埃及文字轉換器的網址：http://www.quizland.com/hiero.mv 輸入自己的英文名字，就能查到自己的埃及名字哦。

# 2 粉紅貓市集

斜坡通道的四周是石壁，他們必須彎著腰，慢慢走，走太快會撞到頭。

盡頭是另一扇門，推開門，外頭是寬敞的露天大堂。

溫和的日光灑落在牆上的貓身上。

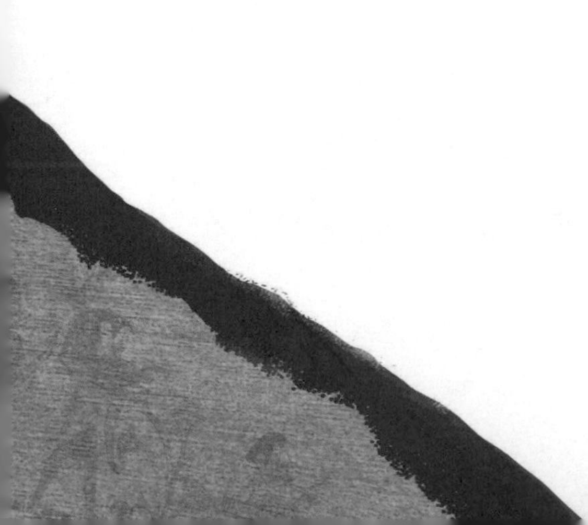

貓？

岩石浮雕的貓，有三、四層樓高，牠和鱷魚一樣，貓頭人身，神情莊嚴的望著他們。

花至蘭喜歡貓，她沒想過：鍋蓋老師竟然會在這裡放一座埃及的貓神雕像。

「我們班女生看了，一定也會很高興。」她忍不住歡呼。只是這個地方的氣氛太肅穆，她不自覺又把聲音降低。

花至蘭環顧四周，牆邊疊了一個又一個的白色物體，數量至少上千個。她本來

以為是磚塊，仔細一瞧，每個「磚塊」都用一層層亞麻布包裹著：「這是埃及的木乃伊嗎？」

鍋蓋老師介紹過木乃伊，是古埃及人為了防止死者的肉體腐壞而用的保存方法。但是，劉星雨看了一下：「這是假的吧？怎麼會有這麼小的木乃伊？」

「假的不會包這麼仔細。」花至蘭伸手掂掂小木乃伊的重量，木乃伊不重，有微微的藥水味，這股味道瀰漫在大堂裡。

劉星雨判斷：「會不會是嬰兒的木乃伊？」

花至蘭看看那座大貓雕像，再檢查眼前物體的大小：「難道是貓，一屋子貓的屍體？」

她很愛貓，卻不想跟一大堆貓咪木乃伊在一起：「我們還是出去吧，我覺得這裡怪怪的。」

花至蘭想掉頭回去，但是，他們剛剛走出來的門呢？

門不見了，出來的地方變成了牆；花至蘭在牆上敲一敲，是實心的：「我們剛才怎麼進來的呢？」

大堂另一邊有道又窄又高的門，門開著，從那裡吹進來的風，是溫熱的。

劉星雨急匆匆的衝出門；花至蘭謹慎慣了，出了門，再回頭看，原來自己是從一間有很多粗大柱子的建築物裡出來。

「奇怪，這是哪裡？」劉星雨問。

「不像可能小學的禮堂。」花至蘭判斷，因為這裡連空氣都變了，「比較像學校布置出來的那種神廟。」

神廟前是個大市場，有許多攤子，賣著各式各樣的食物、布料、衣服，但賣最多的卻是動物。

有個高瘦的男人在賣鳥，各式各樣的鳥，發出嘰嘰喳喳的叫聲。

矮胖男人的後頭有幾頭牛，人們圍著牛上下打量。

也有猴子和狒狒，猴子看起來很無辜；狒狒齜牙咧嘴，沒人敢親近。

粗如樹幹的蟒蛇，靜靜蜷縮在籠子裡；眼鏡蛇則發出挑釁的沙沙聲。

最熱鬧的是賣貓的攤販，一攤接一攤，望不見盡頭。

有個小販拉住他們。

小販的眼睛又大又圓，如果把他的鬍子往兩邊拉，就像長了一副貓臉。

「想找貓，就要找我——貓咪商人埃不妙。我賣的貓血統最純正，來源最豐富，不管是利比亞貓、波斯貓，還是埃及王室貓。」

埃不妙的聲音細細高高，像貓咪嗚咪嗚的叫。他背後的籠子裡全是貓：

長毛的；短毛的；捲毛的。

胖嘟嘟的；瘦巴巴的；愛哭的；傻笑的。

橘色的；黑色的；白底藍條紋的；黑底圓點的……甚至還有一隻粉紅貓。

「我要牠，」花至蘭指著粉紅貓尖叫：「花再多錢我也要把牠買回家。」

埃不妙拍拍籠子：「四塊亞麻布。」

「布？我去哪裡找布呢？你說多少錢，我立刻回家挖撲滿。」

「錢？什麼是錢？那東西沒有用，我只要布。」

花至蘭覺得好好笑，鍋蓋老師去哪裡找來這麼有趣的演員。她笑著說：「難道鍋蓋老師今天不用付你臨時演員的費用嗎？」

埃不妙好像聽不懂她的話，四根手指在她面前晃：「給我亞麻布，我的團隊會幫你處理貓的內臟，做成小貓咪木乃伊……」

「木乃伊？你要把這隻可愛的小貓變成木乃伊？」花至蘭幾乎快暈倒了，「牠還沒死耶，你不怕動保人士來告你？」

埃不妙湊近她：「如果你想要獲得貓神貝斯特的幫助，就要把貓咪奉獻給女神。這隻全埃及最美的粉紅貓木乃伊，一定能讓貝斯特更樂於幫助你。」

「不行！」花至蘭雙手叉腰，「你不可以把貓變成木乃伊。」

「或是你選這隻埃及貓吧！一歲大，做成木乃伊最可愛。」

花至蘭愈聽愈疑惑，眼前的貓咪商人態度很認真，一點都不像演出來的，難道……難道他們真的到了古埃及？

她看看四周：高聳粗大的立柱，相互對稱的塔門；吹起來乾燥悶熱的風；一群穿著古埃及衣服的人……

「天哪，我們真的來到古埃及。」

花至蘭正在驚嚇中，劉星雨卻覺得後腦勺一陣發麻，感覺有誰在盯著他。

回頭，籠子裡有一隻老鷹正高傲的望著他。

「老鷹？」同時，劉星雨的耳機響了，傳來「叮」的一聲。

他想起鍋蓋老師的話，向花至蘭拿了闖關卡，卡片上的老鷹圖案浮起一個紅色圈圈。

劉星雨抬頭，花至蘭也正望著他，原來她也聽見了。

他揚揚闖關卡，回頭看看老鷹，老鷹正抬頭凝望著天空。

一隻鳥中之王，卻被關在籠子裡？

「小伙子，有眼光。」埃不妙拍拍他的肩，說：「這隻全埃及最棒的鷹，算你十塊亞麻布或一隻尼羅河鱷魚。」

「抓鱷魚換老鷹？」劉星雨嚇一跳：「嗯，我怕鱷魚，也沒有亞麻布。」

「唉，又是一個比沙漠還窮的人。」埃不妙嘆口氣，回頭去纏花至蘭；他有把握，這種無腦的小女孩，絕對會為一隻染過色的貓，花上四塊布。

他的聲音又快又急，花至蘭卻很理性，不斷勸他把貓放走，因為小貓也是有生命的。

四周吵吵鬧鬧，劉星雨卻靜靜看著老鷹。

他喜歡老鷹；可能小學後山就有一隻，牠常在學校上空盤旋。

鍋蓋老師也說過，很多古老文明都崇拜老鷹，把牠視為神的象徵。

「如果牠成了木乃伊，那不是太慘了？」

劉星雨想到這裡時，高大的埃不妙拎起花至蘭：「去別的地方玩，你不買貓咪就別打擾我做生意。」

「我要去環保署檢舉你，說你虐待動物。」花至蘭一陣拳打腳踢；只是她太矮，埃不妙用手抵著她的頭，花至蘭連摸都摸不到他。

這情形比買賣還有趣，圍觀的人全都笑了。

有人勸老闆：「埃不妙，別欺負小姑娘。」

有人勸花至蘭：「小姑娘，等你長高了再來。」

「對對對，等她長高了，回來嫁給埃不妙。」

全場爆出一陣狂笑，笑得最開心的是埃不妙，他胖胖的肚子笑得一顫一顫；花至蘭用力一踢，一腳踢在他的肚皮上，埃不妙就在大家的笑聲中，痛得放開手。

劉星雨也在這陣笑聲中，打開老鷹的籠子。

老鷹的嘴巴動了動，像在說「謝了」。

「快走呀！」他有點後悔，這麼做好像太衝動了；如果現在去關上籠子的門……

他還在猶豫時，埃不妙握著拳頭，對著花至蘭大吼。

「你敢踢全埃及最好的貓咪商人？」他的拳頭還在半空中，他的眼睛突然瞪得又圓又大，結結巴巴的說：「我的……我的老鷹……」

對，他的老鷹，有如一支射向天空的箭，又快又急。

超時空翻譯機

## 貓神貝斯特

如果你是個古埃及人，你會喜歡貓。埃及人相信，太陽發出的光芒會被暫時收進貓眼裡保管。人們除了崇拜貓，也把牠們當成寵物來養。古埃及婦女甚至發明一種類似貓眼的眼線描繪法，讓自己散發貓咪的神祕氣質呢。

或許是太愛貓了，古埃及人認為太陽神拉的女兒化身成一隻貓，也就是貓神貝斯特，她被視為家庭守護神，敏捷與力量的形象受人們讚賞。

貓神貝斯特側面照

因為大家都喜歡貓咪，牠們活著時備受寵愛，死後還被做成雕像、立牌位，人們甚至還替祂建了神廟。生前受人供奉的神貓死後還會被製成木乃伊，製作方法完全仿效真正木乃伊的做法，做出來的貓咪木乃伊栩栩如生。考古學家曾在尼羅河畔一個神廟裡，找到超過三十萬個貓咪木乃伊呢。

也因為古埃及的這種傳統，當時就出現各式各樣專門養貓來做木乃伊的小販。除了貓咪，埃及人也把老鷹、牛或狗做成木乃伊，因為他們相信靈魂不滅，總有一天這些動物會重返人世，回到木乃伊裡復活。

# 3 尼羅河氾濫節

趁著埃不妙催僕人去追老鷹時，劉星雨拉著花至蘭往人群外頭跑。

花至蘭嘰哩呱啦喊著：「劉星雨，我們到了古埃及……」

劉星雨的動作快，花至蘭還沒喊完，他們已經穿出人群。然而，幾個士兵擋著他們。

「你們是哪裡來的，要去哪裡？」

說話的人像是隊長，人高馬大，肌肉發達，臉上還有道長長的疤。

「我們本來在上課，」劉星雨解釋，「卻莫名其妙跑到這裡——我們也想趕快回去呀。」

「這麼說，你們是外地人？」疤臉隊長一臉嚴肅。

他那不懷好意的樣子，讓花至蘭退了一步，想著該怎麼回答。

「嗯……我們……」

隊長沒給她機會，派人帶著他們來到一座神廟邊；那裡聚集一大群人，他們或坐或站，全都圍著兩張椅子，愁眉苦臉。

「村長，這兩個是外地人。」疤臉隊長的聲音，聽起來很得意。

那個被稱為「村長」的人站了起來，他的臉頰滿是皺紋，年紀看起來很大了，經過風吹日晒的皮膚，顏色看起來特別深。

村長聽了隊長的話，臉上的皺紋在一瞬間都笑開了：「外地人呀？」

「真的，跟金字塔一樣真。」疤臉隊長說。

「這真是連駱駝也要飛起來的好消息。」村長高興的問：「孩子呀，你們是從哪裡來的呀？」

「我們從很遠很遠又很久很久的地方來的喔。」花至蘭很誠實的說。

「所以，你們是利比亞人？」村長不解。

他們搖搖頭。

「難道是波斯人？」

「比那裡還要遠。」花至蘭說。

「你們的父母呢？」

「他們都在家裡呀。」劉星雨搶著回答。

「萬能的太陽神呀，謝謝你呀。」村長激動的喊著：

「我們找到外地來的貴客，還是兩個孩子，他們的父母都沒來。」

「外地來的貴客。」人們喊著。

「那太好了。」

「快叫里克和查克從轎子上下來。」

他們說的那轎子，長得像是多了兩根長杆的椅子；

轎子上的孩子被人們帶下來，一個婦女激動的抱著他們又親又叫。

「貴客，請上座。」大家簇擁著劉星雨和花至蘭。

「這不好吧，那是小孩子的轎子。」劉星雨說。

「你們是外來的貴客，請讓我們表達一下誠意。」老村長說得很認真，花至蘭和劉星雨只好勉為其難的坐上去。

他們剛坐好，前後的轎夫吆喝一聲，那轎子就被抬了起來。

「很好玩。」劉星雨喊著。

「嘿，你們是貴客嘛。」轎夫笑著說。

樂師走在轎子前面，為群眾演奏輕快的音樂，美麗的女孩在轎邊跳舞。

後頭跟著一群人，扛著一座座高大的神像；這些神像清一色都擁有人類的身體，動物的頭，像是老鷹、狼、河馬和鱷魚等等。隊伍隨著音樂搖搖晃晃。

「這是在做什麼呢？」劉星雨好奇的問。

「為埃及祈福呀，而你們……」美麗的女孩說，「是這個儀式最重要的人啊。」

「我們？」劉星雨暗自歡呼，能夠到古埃及參加慶典，不是所有人都會有的經驗。

音樂很好聽，舞蹈很好看，連神像都很威武莊嚴，但是花至蘭卻有點不安。

誰會對陌生人這麼好呢？

不太可能呀！

她想到這裡時，遊行的隊伍已來到河邊，沿著大河行走。河面閃耀著陽光，一片天寬地闊。

這真是一條壯闊的大河。河上有船，每艘船上都有三根高高的柱子，撐著帆布；風把帆布吹得鼓鼓的。船上的水手跟他們揮著手。

河的另一邊是農田，再後面是一片黃。黃色的土，黃色的砂，遠方有幾座黃色的尖山。

「金字塔！」花至蘭一叫，劉星雨也看到了。

「天哪，沒想到我們真的親眼看見金字塔。」

劉星雨興奮的在轎上扭動，轎邊的士兵擔心的說：「坐好坐好，別掉下來了。」

花至蘭則是冷靜的研判：

「一定是學校禮堂那道刻有鱷魚神像的門，把我們傳送到埃及。」

想到自己真的在古埃及，她也忍不住激動起來：「所以這條河……真的是老師說的……埃及……」

「尼羅河，」一個身形略瘦的少年靠到花至蘭的轎邊：「而尊貴的客人，你們是今年尼羅河的聖子和聖女。」

少年的年紀和他們差不多，瘦長的身形，一頭褐色的短髮，棕色的皮膚在陽光下閃閃發亮：「我是庫沙利，是田拉米蘇大祭司的助手的助手的助手，今天負責為兩位貴客導覽。」

「這就是大名鼎鼎的尼羅河呀。」花至蘭好開心，她在書上看過，也聽鍋蓋老師講過，但親自來到現場還是第一次。她忍不住張開雙臂，在轎子上叫著：「好壯觀。」

庫沙利笑咪咪的說：「今天是您的幸運日，尼羅河就要泛濫了——您看，這水位是不是比剛才更高了？」

「水位更高？」花至蘭突然一愣：「你是說，尼羅河泛濫，要發生水災了？」

庫沙利笑著點頭，遊行的人們聽了竟然同聲歡呼：

尼羅河，尼羅河

淹了我家田，淹過你家田，

留下肥沃的好田。

淹了我家田，淹過你家田，

留下肥沃的好田。

在尼羅河的淺灘上，人和神像一同狂舞，轎子跟著上下震盪。

「別……別晃呀，我會暈哪！」花至蘭緊抓著轎子大叫。

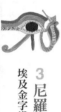

伴隨著她和劉星雨的慘叫聲，人們一邊跳舞一邊踩過長長的河灘，跑向沙地，然後奔向小山丘。就在花至蘭頭昏眼花，覺得快把今早吃下肚的食物都吐出來時，轎子突然在小丘上停下來。地勢稍高的小丘上有一座高大的建築物，對稱的塔門，四周有石柱圍繞；入口處有幾尊跟建物一樣高的雕像，形體和人們扛的神像差不多，有著動物的頭，人的身體。

花至蘭想起來：「這座建築物很像可能小學布置的那座神廟。」

一個高大的男人就站在神廟門口。他的神情高傲，嘴角緊閉，雙臂和腳踝都戴著金環。人們見了他，立刻恭敬的喊著「田拉米蘇大祭司」。

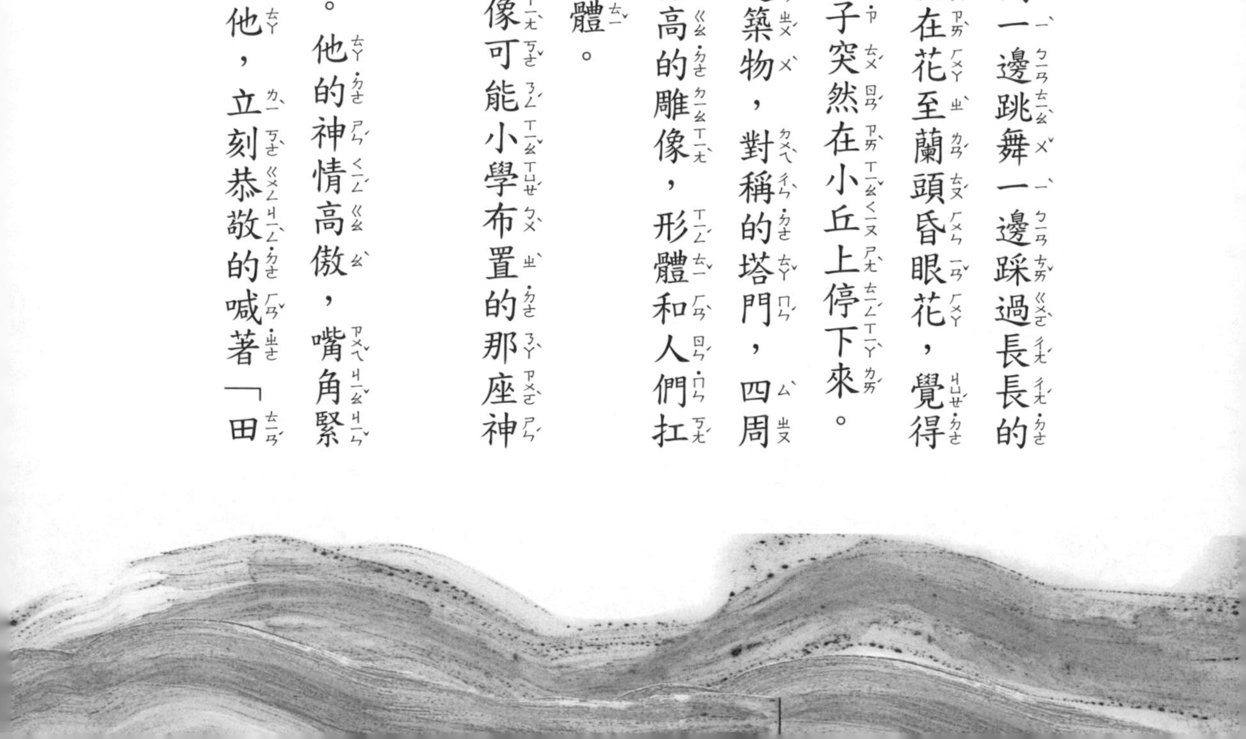

這個被稱為「田拉米蘇祭司」的男人接著喊：

「天狼星與太陽同起，尼羅河送來好禮，尼羅河氾濫吧，氾濫吧——」

他喊一句，人們就跟著喊一句：

「天狼星與太陽同起，尼羅河送來好禮，尼羅河氾濫吧，氾濫吧——」

劉星雨被熱鬧的氣氛感染，迫不及待的加入人群，跟他們一起狂吼；他還比了幾個自創的手勢，幾個孩子也學他手舞足蹈起來。

只是，花至蘭心裡的疑問愈來愈大：「既然洪水都快來了，為什麼大家還這麼開心？」

庫沙利笑著解釋：「尼羅河泛濫時，會把上游肥沃的土壤帶下來；有了營養的土壤，我們埃及人不管種什麼作物，都會大豐收。」

「原來是這樣呀，難怪你們這麼期待。」花至蘭稍稍放心了。

嘉年華式的歡樂氣氛又持續了一陣子，直到田拉米蘇雙手一拍，音樂乍然終止，人們才安靜下來。

田拉米蘇指著花至蘭和劉星雨：「這是今年尼羅河的聖子和聖女？」

「是的，今年尼羅河的聖子和聖女！」

人們的聲音變成一連串的低沉吟哦，人潮湧來，搶著拉花至蘭的手去碰觸自己的額頭，頓時四面八方都是朝她伸來的手。

「別……別這樣……」花至蘭一時驚慌，她想逃，但是坐在轎子上，哪裡也去不了。

劉星雨也被幾個婆婆媽媽纏著不放，他沒想到埃及人這麼熱情，一個老婆婆力氣大，差點兒就要把他拉下轎子。

疤臉隊長和他的部下大概發現情況不對了，他們衝進人群，凶悍的把人群推開。士兵似乎擔心他們掉下來，特別用繩子將他們綁好。

坐在轎子上，還用繩子綁緊，那感覺就像……

「埃及人的安全座椅。」花至蘭想起小時候有一個粉紅貓圖案的安全座椅，每次出門，媽媽都要求她綁安全帶。

「其實你們別擔心。」劉星雨按住一名士兵的手，「我連雲

霄飛車都敢坐，不用綁安全帶。」

士兵客氣又堅定的把他的手推開，另一邊的士兵用力一扯，「安全繩」被拉緊了。

轎子又被抬了起來。遊行的隊伍跟著田拉米蘇回到河灘；田拉米蘇沿路大聲念咒，神像跟著搖搖擺擺，轎子也搖搖擺擺，直到轎子突然被放在河灘上——面對尼羅河，花至蘭的腳指都能碰到水了呢。

「尼羅河的河水。」花至蘭好興奮，她想下來走走，士兵卻不讓她動。

「這……這是要做什麼？」花至蘭的發問，沒人回答。

漸漸的，四周的音樂聲變小了，人們的吵雜聲也少了。腳下是世界上最長的河，遠方有藍天白雲金字塔。

「要我們在這裡看風景嗎？」劉星雨問，同樣聽不到回答。

白雲悠悠，天寬地闊，溫暖的河水淹上他們的腳踝。

「這太安靜了吧？」劉星雨問。

四周原本吵鬧得像夜市，現在卻只剩下河水嘩啦啦。

劉星雨一邊踢水，一邊猜：「他們一定是去準備給我們的點心了。等一下吃完點心後，我要先跳到河裡游一圈——有哪個可能小學的學生在尼羅河裡游過泳呢？」

花至蘭沒有他這種好心情，因為她發現：

「劉星雨，水漲到我的膝蓋了。」

「那太好了，」劉星雨興奮的說，「水位愈高，才游得愈過癮啊！」

不過，當河水真的淹過他的膝蓋，他的大腿也泡進水裡時——

「這……這真的不太對勁。」

劉星雨想把腿舉起來卻動彈不得。同時，他發現前方有幾根木頭，自始至終，動也不動。

一根兩根三根四根……

花至蘭大叫：「那些木頭——」

劉星雨搖搖頭：「你別當一顆大驚小怪的花枝丸行嗎？木頭有什麼好……」

花至蘭尖叫起來：「你看過木頭長眼睛嗎？」

不止有眼睛，有一根木頭甚至打了個哈欠，露出尖尖

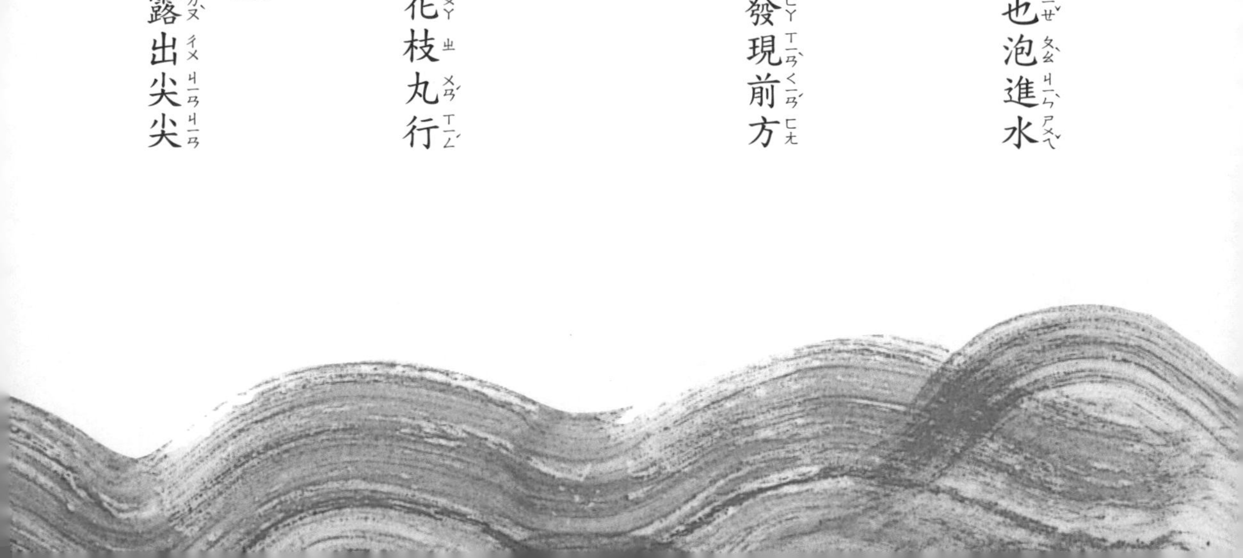

的牙。

「鱷魚？」劉星雨的嘴巴張得好大。

「真的是鱷魚呀。」花至蘭突然想起闖關卡上的第二個圖案。

「叮」的一聲，耳機傳來清脆的聲音；她想叫劉星雨把闖關卡拿出來確認，卻掙脫不開身上的繩子。

更糟的是，離花至蘭最近的一隻鱷魚，正用黃黃的眼睛打量她，像在盤算眼前這頓午餐要從什麼地方開始吃。

劉星雨朝四周大喊：「來人啊，你們不要準備點心了；再不來救我們，我們都要變成鱷魚的點心了。」

風很強，雲走得很快，他的喊叫聲飄上天，天上一朵

烏雲掉下來。

當然，烏雲不會掉下來，從天而降的是一隻老鷹。

這隻老鷹攻擊接近他們的那隻鱷魚，用嘴狠啄牠的眼睛。

鱷魚痛得翻身躲回水裡，其他鱷魚卻立刻補上牠的位置，似乎想替牠討回公道。正當老鷹準備展開另一波攻擊，一條胖胖的鱷魚突然竄出來，朝老鷹狠咬一口。

「嘰——」

老鷹淒厲的叫了一聲，轉折飛上天。

胖胖鱷魚落水時濺起巨大的水花，一時之間，鱷魚群全衝過來……

超時空
翻譯機

## 尼羅河氾濫節

如果你是埃及人，尼羅河會是你最親近的大河。

埃及人有句俗語：「只要喝過尼羅河水的人，無論他走到哪裡，他的心一定會留在埃及。」埃及人崇拜尼羅河，早在西元前四千年，他們就懂得利用尼羅河水的水位變化來發展洪水灌溉。

這條大河的氾濫有規律性。六月到九月是氾濫期，河水水量大，流得急，河水溢過河岸，淹沒了農田。

十月到一月洪水退去，田裡留下厚厚一層從上游帶來的沃土，人們趕著播種，推豬羊下田把種子踩進土裡。

二月到五月河水退到最低位，作物在這個季節收成，人們開始歡欣收割。

因為有尼羅河帶來的肥沃泥土，人們根本不太需要施肥就能大豐收。如果你是個古埃及人，當尼羅河氾濫時，你會開心的跳舞唱歌謝謝——這就是尼羅河氾濫節的由來。

尼羅河每年定期淹沒農田，農閒的埃及人有空就去建金字塔；等到河水退去，土地得重新劃分，於是埃及人又發展出測量面積的方法，讓大家都能得到公平的土地。因此，埃及人能蓋出金字塔，在數學和幾何學有很大的成就，其實都拜尼羅河所賜喔。

古埃及地圖

# 4 工匠村

劉星雨沒辦法逃跑，因為他被綁得牢牢的。

「死定了。」劉星雨和花至蘭同時大叫。

突然，劉星雨發現身上的繩子斷了。一回頭，是庫沙利。

庫沙利同時把花至蘭的繩子砍斷，一腳將轎子踢進水裡。鱷魚們以為是食物，衝上來朝轎子兇狠的撕咬，激起無數的浪花。

三人趁這個機會，踏著水花，一口氣跑到岸上；直到覺得安全了，

才停下來。

「謝謝。」花至蘭邊對庫沙利說，邊喘氣。

庫沙利點點頭，說：「本來要把村裡的孩子獻給尼羅河神，你們卻成了替代品。」

「難怪剛才那兩個孩子的媽媽那麼開心。」劉星雨說。

花至蘭拍拍胸口，感覺鬆了一口氣：「那你怎麼會來救我們？」

「尼羅河神不需要活人獻祭。」庫沙利說，「那太殘忍了。」

花至蘭稱讚他：「你是祭司的助手，想法卻很先進喔。」

「我只是助手的助手的助手，還不是正式的助手啦，」庫沙利很謙虛，「我只會幫忙做紀錄。其實我查過，在還沒有活人獻祭前，尼羅河就會定期氾濫了！」

三人在說話時，遠方有人在喊叫，只是聲音被風吹得時有時無。

花至蘭站起來，她用手遮著陽光，看見小丘上那座神廟前，現在聚集更多人；幾個士兵正指著他們大吼大叫。

然後，更多的士兵、祭司的助手們，還有那個疤臉隊長，這一大群人正氣沖沖的朝他們跑來。

再被他們抓回去，尼羅河鱷魚絕對會很開心。

一想到這裡，三人很有默契的開始跑——但該往哪裡跑呢？

小路上，有道黑影——是剛才在河邊遇到的老鷹。牠的影子時左時右。

「牠以為我們是兔子？」花至蘭問。

「也許牠知道我們很需要幫手，所以剛才替我們打鱷魚，現在帶我們逃。」劉星雨邊跑邊猜。

「最好老鷹有這麼聰明啦。」花至蘭不太相信。

「今天的菜，上桌才知道，」庫沙利眨眨眼，「一切都有太陽神的安排，不要擔心。跟我來。」他的年紀跟其他兩人差不多，說起話來卻有安慰人的力量。

「但是那句話——什麼菜呀桌的——怎麼跟鍋蓋老師平時說的話有點像？」花至蘭想要問，庫沙利已經帶著他們走進一片沼澤裡。

沼澤邊長著一叢叢翠綠色的草，

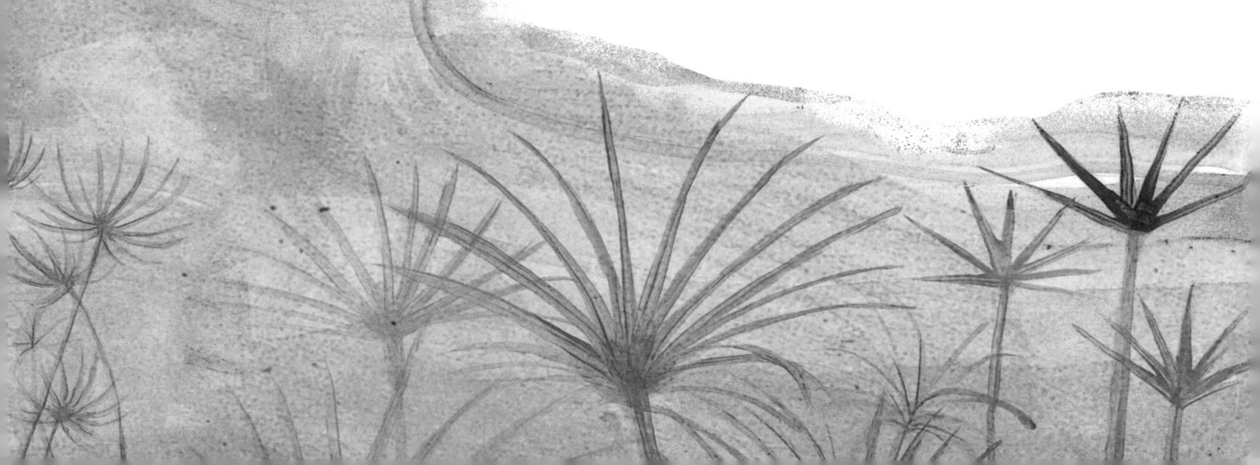

它們濃密而且比人高。人一跑進來，既看不到外面，也不會被外面的人看到。

進到這片沼澤區，追兵的聲音似乎變遠了，三人的腳步終於可以放慢下來。

心情放鬆之後，他們隨即聞到一陣香味；仔細一瞧，居然來自這些綠色的長草。

這種植物乍看之下像蘆葦，但是它的莖更長，最上頭呈現放射狀，

像放大版的蒲公英。

花至蘭靠近聞了一下：「咦，這個味道，我好像在哪裡聞過……」

「這是莎草，對我們埃及人很重要，就連神廟的柱子上都刻著它的花。」庫沙利摘了幾根嫩枝給他們嚐嚐。

「叮——」又一聲清脆的聲音，花至蘭急忙拿出闖關卡。果然，看起來像長蘆葦的圖案上也有一個紅圈圈。更巧的是，這卡片的味道跟莎草很像。

庫沙利接過闖關卡，看了看，說：「這是

莎草紙。我幫祭司的助手的助手記事情就用這種紙。」他說完，回頭看了看，接著說：「走吧，我怕那些士兵追來了。」

庫沙利帶著兩人走進莎草沼澤。一陣大風吹過，草叢發出「沙沙沙」的聲音。突然，庫沙利停下腳步，向他們比了個「噓」。

劉星雨壓低聲音問：「是追兵嗎？」

庫沙利笑著把草撥開，眼前出現一大群人，他們正划著小船在割莎草。

割下來的莎草堆在船上，一艘又一艘，

數量至少有二、三十艘。

「我來幫你們。」庫沙利對著其中一艘船上的人說：「再不收這些草，尼羅河就用洪水把它們收走了。」

劉星雨和花至蘭見狀，也一起幫忙堆莎草。

划船的是位老船夫，頭髮都白了。他們堆好莎草，庫沙利領著兩人跳上船；老船夫笑一笑表示不介意，竿子一撐，船盪了出去。

這艘船很奇特，整個船身就像用一束

束晒乾的稻草編成，看起來很輕，所以才能浮在水上。

「這不是木船？」花至蘭問。

「這是莎草做的——莎草一身都是寶，別說船，還能蓋房子呢，對不對，老人家？」庫沙利問著，老船夫笑著點點頭。

劉星雨學庫沙利躺在莎草堆上。頭上的天空藍藍的，老鷹小小的，船輕輕擺盪，像在搖籃裡。

花至蘭則是張大了眼觀察四周——這是她跟爸爸去野外調查所養成的習慣——這片沼澤很大，動物很多，水鳥和小型哺乳類動物，都留下不少痕跡。

小船順著水流東拐西彎，最後停在一個小小的碼頭邊。

距離碼頭不遠處的岸上，有好多輛馬車等著把莎草拉上一個小山坡。

山坡上有個小村落，村民們紛紛幫忙把馬車上的莎草堆在村子中央的空地。

空地上好多女人，她們蹲坐在地上，用刀子把莎草莖上的皮剝掉，接著把它們切成一段段。

切成小段的莎草，被丟進水裡泡著。

一個男人拿起另一堆看起來泡過水的莎草，一條條縱橫交叉著排起來，最後再用一塊大石頭壓在莎草上。庫沙利拿起一張紙片，說：「等水分瀝乾了，就能拿莎草紙來寫字、做筆記了。」

「終於看到『原始版』的紙了。」花至蘭笑著把鍋蓋老師的闖關卡拿出來比對，她發現老師給的卡片顏色深，看起來舊舊的，味道也比較淡；不像這些剛做好的紙，帶有新鮮的莎草清香。

花至蘭正想幫忙做莎草紙，外頭突然傳來一陣喧譁：

「聖子、聖女一定在這附近，把他們找出來！」

那陣聲音低沉，像咆哮的野狼，讓三人同時想到：「疤臉隊長！」

「這裡人多，每一個都要仔細盤查，別讓他們跑了。」疤臉隊長的聲音更近了。

庫沙利比了個「噓」，帶他們鑽進鄰近的屋子，從後門溜出去。

屋後有條小路，路旁都是成排的小屋。

雖然後面有追兵，花至蘭對身旁的景物還是很好奇。

街道兩邊全是屋子，有的人就在屋外做木雕，也有人正在敲打金屬製品，「叩叩叩叩」、「叮叮噹噹」的聲音此起彼落，很熱鬧。

「這裡的人都好忙啊。」花至蘭說。

「這個村叫做真理村，住的全是工匠；不管是法老王的金字塔還是各式神廟，裡頭需要的各種東西，都由他們一手打造出來。」庫沙利說。

「你好像對這附近很熟悉？」劉星雨問。

「我從小就在這裡長大嘛，」庫沙利指著路邊的大陶甕：「我的養父專門做這種陶甕。」

他說的陶甕比人還高，如果躲進去……

「疤臉隊長絕對找不到。」花至蘭笑著說。

超時空翻譯機

## 紙莎草

如果你是古埃及人，你會常常在尼羅河畔見到一種四、五公尺高的水生植物；三角形的莖，頂端會長出一叢濃密的、像煙火一樣放射狀的葉片。

這種植物的嫩枝很好吃；花可以做成敬神的花圈；它的莖能織成草席、編成裝東西籮筐，甚至還能造船和蓋房子。

這種植物一身是寶，被譽為埃及的國花，它就是紙莎草。

但是，紙莎草的偉大不止於此；它做出來的紙，是歷史上最早、最便利的書寫材料。埃及人最愛用這種莎草紙，希臘、羅馬和阿拉伯人也都使用它。歷史上曾有很長的時間，都在使用這種紙；直到中國的造紙術傳到中東，才取代了紙莎草。

莎草紙怎麼做呢？古埃及人割下紙莎草後去掉葉子，保留長莖並裁成需要的長度。接著用小刀剝去外層綠色的硬皮，把裡面的削成長長的薄片，浸泡在水中。等到它們浸軟了，再把薄片縱橫交錯拼成需要的尺寸大小，用重物把水分壓出來；幾天之後，一張結實耐用的莎草紙就完成了。

古埃及人用削尖的莎草莖或鵝毛作筆，用煙渣調水作「墨汁」，就能在莎草紙上寫寫畫畫。我們現在所知的古埃及文明，有一部分是來自這些莎草紙上的紀錄呢。

紙莎草

# 工匠村

如果你是古埃及人，又懂得一點手藝，你的社會地位會比較高，收入比較好，甚至還有機會住到高級住宅區——工匠村。

這個住宅區跟金字塔有關。巨大的金字塔是誰蓋的呢？幾千年前，沒有機器，也沒有火藥；沒有人知道石塊如何被開採，如何被堆疊成金字塔——難道是外星人來幫忙？

麥地納工匠村

經過考古學家的考證，他們在金字塔附近，找到許多工匠村。那是一群手藝精良的匠人，受到人們的尊敬；有石匠、雕刻匠、畫匠，也有皮革匠。總之，古埃及的金字塔與神廟，多半來自這群手藝精湛的人。

為了追求效率，法老王讓工匠們在金字塔附近居住，並把他們分為幾個小隊，彼此競爭。最著名的工匠村落位於「麥地納」山谷中。這個地方有六十多間屋舍，包括四十多間工作坊。每一個房舍的門楣上，寫著居住工匠的姓名，就像現代的門牌。

就是這群盡心為法老王效忠的工匠，蓋出古埃及如此壯觀的建築。

# 5 胎記

從陶甕裡望出去，天空圓圓的。

一朵白雲悠悠飄過花至蘭頭頂上的天空。

一隻老鷹在圓圓的天空裡不斷盤旋。

「還是當老鷹自由自在，想去哪兒就去哪兒。」花至蘭躲在陶甕裡，想像自己變成老鷹，飛出工匠村，飛過尼羅河，她還想去金字

塔……

「真是一群沒用的士兵！」

疤臉隊長罵人的聲音，打破花至蘭的白日夢。

從陶甕裡可以聽到凌亂的腳步聲，從他們身邊經過。

「屋頂去看了嗎？」是疤臉隊長的聲音。

「屋頂也要看嗎？」

疤臉隊長好生氣：「他們如果躲在上面呢？」

「哇，隊長你好聰明。」

「是你們太笨，快去把全村屋頂搜一遍。」

外頭一下子變得好安靜。

他們應該都走了吧？

劉星雨忍不住探出頭——日光白晃晃，一張臉正面對著他。

滿臉橫肉，一道刀疤從額頭劃到下巴——是疤臉隊長。

疤臉隊長一次拎出一個小孩：「看你們往哪裡跑——哼，一群只會吃飯的士兵！」

前一句是講給劉星雨和花至蘭聽，後一句罵的是士兵。

經過疤臉隊長一陣叫嚷，士兵們回來了，看熱鬧的村民也來了。

「孩子呀，不能跑哇，」老村長喊著：「你們跑了，誰去餵鱷魚？沒人餵鱷魚，尼羅河神會生氣呀。」

田拉米蘇大祭司跟在士兵後面走過來，他冷冷的看著庫沙利說：

「你背叛我？」

「尼羅河不必用活人獻祭。」庫沙利說，「我查過以前的資料，說……」

「別說了，」田拉米蘇大祭司制止他：「我想，今年尼羅河神也需要你。」

大祭司說完，伸手一揮，他的助手，助手的助手，還有助手的助手的助手全圍過來，把劉星雨、花至蘭和庫沙利抓住綁好，並把三人扛起來。

看著人群前進的方向，目標應該是尼羅河。

花至蘭以為這回真的完蛋了——

突然，有人喊了一聲「停」，是田拉米蘇的聲音。

「胎記？」他叫著。

劉星雨被人放下來，他的繩子被解開，田拉米蘇拉起他的右腳，認真的研究起他的腳底板。

「這是真的胎記？」田拉米蘇一臉驚訝。

「鱷魚不吃胎記嗎？」劉星雨的右腳腳底板，有個葫蘆型的紫色胎記。平常上學時穿著鞋，誰也不知道；換上埃及服裝後打赤腳，腳底板全被大家看見了。

「太好了，」田拉米蘇朝著天空大叫：「太陽神呀，我找到王子啦！」

「王子？」祭司的助手們面面相覷。

「我才不是王子咧！」劉星雨一陣亂踢，把腳掙脫祭司的手。「不信，你問花枝丸。」

花至蘭還被綁著，她沒好氣的說：「如果流星雨是王子，那我就是代父從軍的花木蘭。」

祭司揮手要大家安靜。

他說：「你們還記得，上個月埃及出了什麼事？」

祭司的助手大喊：「法老王被河馬攻擊，回到太陽神的身邊。」

祭司的助手的助手說：「埃及失去法老王後，沙漠起風暴，鱷魚攻擊村莊——可惜，法老王沒有男孩來繼承他的王位。」

「不，法老王有個孩子。」祭司轉身指著劉星雨，「小王子在五歲的時候走失；王后說過，王子的腳底板有一個胎記，找到胎記，就找到王子了。」

「找到胎記，就找到王子。」助手們狂呼。

「找到胎記，找到王子。」村民們跟著吶喊。

在這片震耳欲聾的聲音裡，祭司把嘴巴湊近劉星雨耳邊：「不管你是真的假的，你都得當王子。你想活命，就得聽我的話。」

劉星雨看著被綁起來的花至蘭和庫沙利。

不當王子，就得去餵鱷魚；當了王子，說不定有機會逃。

他提出一個要求：「我是埃及王子——第一件事，請你把我的朋友們放開。」

超時空翻譯機

## 古埃及人的社會階層

古埃及不認為人人生而平等，他們的社會是有階級性的。如果你是古埃及人，你可能會是哪一個階層的人呢？

法老是古埃及人的國王。古埃及人相信國王擁有與神相同的權力，所以不敢稱直呼國王的名字，只能稱他為「法老」。

在法老之下，是貴族、祭司和官員；他們是古埃及的特權階級，享有崇高的社會地位及擁有田地和奴隸，過著奢侈的生活。

祭司的地位崇高，他們被視為神在人間的僕人，替神管理神廟。祭司會有很多僕人和助手，神廟也擁有大量的土地和財富。

大部分的古埃及人從事農業。他們利用尼羅河水灌溉農作物，用牛拉犁來耕田。尼羅河水定時氾濫，讓農民有比較安穩的收穫；只要肯耕種，生活可以過得還不錯。

你也可以選擇當商人。雖然埃及四周都是沙漠，但是莎草是造船的好材料，古埃及人乘莎草船到地中海和紅海沿岸以物換物做貿易，也能過著安穩的生活。

最可憐的是奴隸——相信你也不想變成他們。他們可能是罪犯或戰俘，是古埃及的最底層階級，沒有任何權利，天天工作，生活也沒有任何保障。

埃及法老王雕像

# 6 王子回來了

祭司急著帶劉星雨回到尼羅河對岸的王宮。

「王后——也就是你的母后——見了你，一定很開心。」祭司的語氣裡帶著興奮。

他們搭的船又大又豪華，船首船尾都畫著一個大大的眼睛。庫沙利向花至蘭解釋，那是天空之神荷魯斯之眼，用來祈求旅程平安。

祭司的助手的助手讓劉星雨換上新衣服：上半身還是圓領衫，下半身換成有很多細褶的百褶裙，長度到腳踝。助手還讓流星雨穿上涼鞋。現在劉星雨整個人散發出高貴的氣質，當他走上甲板時，花至蘭忍不住拍拍他：

「你交上什麼好運，竟然當上埃及王子？」

劉星雨還沒回答，祭司的助手的助手連忙把她的手拍掉：「不可以對王子無禮！」

「我是他同學！」花至蘭抗議，「埃及王子的同學。」

祭司的助手的助手用下巴指指旁邊：「同學，快去把食物端來，王子要用餐了。」

花至蘭很生氣：「我可不是僕人。」

助手的助手不理她，恭敬的請劉星雨坐在船首——那兒河風輕快，視野好。

一陣叮咚叮咚的音樂聲中，好幾個身穿白色長袍的女僕從船艙裡出來。

有人端著金盆請他洗手，有人為他搖著扇子。

更多的女僕捧來各式各樣的食物：烤鴨、烤魚，還有燉肉和新鮮的蔬菜。一旁的籃子裡放滿各種麵包，盤子上放著無花果、葡萄和梨子，旁邊還有幾個小陶罐，裡面裝著葡萄酒。

劉星雨早餐吃得少，現在肚子真的有點餓了。他正想找筷子，一個女僕突然跪坐在他身邊，端起一條烤魚，那魚的眼睛突出——

天哪，那是一條不折不扣的小鱷魚。

「我……我等一下再吃。」他急忙搖手。

但搖手是沒有用的，女僕們有的繼續撕肉，有的幫他剝葡萄，還有人幫他倒了一杯酒。

不過，這個倒酒的女僕動作粗魯，酒灑了一半在地上。

劉星雨仔細一看，這人不是女僕，是花至蘭。

「厚，憑什麼你當王子，我當女僕。」她好生氣。

劉星雨聳聳肩：「我們在這裡吃鱷魚，總比當鱷魚的午餐好啊。花枝丸，你要不要嚐點鱷魚尾巴？」

「不要。」花至蘭氣呼呼的推開烤鱷魚，氣呼呼的坐到船邊。

河邊充滿了綠意。

綠色的椰棗，綠色的田園，綠色的農作物。

但隨著河面變寬，河邊的屋子也多了起來；那些屋子有的寬敞有庭院，有的狹窄擁擠。屋子多，人也多了。

許多小孩在河邊玩，見了他們的船，就邊跑邊叫。花至蘭跟他們揮揮手，一個孩子興奮的後空翻，逗得花至蘭笑了。

船漸漸靠近一個熱鬧的港口：裝貨卸貨的工人，拉著駱駝的商人，背著水罐的僕人，夾雜著喧鬧的交談聲，一片忙碌。

船在碼頭停下來。一行人下了船，祭司和劉星雨坐上轎子，被轎夫抬起來。

比起劉星雨之前坐的轎子，眼前這頂轎子更豪華：它是一張高椅背座椅，前面有短腳凳；兩旁還有精美的雕花扶手，頭頂更有遮陽的篷蓋。劉星雨坐在轎上，顯得氣勢不凡。轎子前後至少有十個轎夫。

「那我呢？」花至蘭有點生氣，她明明也是客人呀。

庫沙利要她跟在轎邊走，疤臉隊長卻交給她一把大扇子：「除非王子說停，不然，你要一直搧出全埃及最涼的風。」

「我……我以後要當博士，你居然叫我……」花至蘭快氣炸了。

疤臉隊長沒理她，喊了聲「走」，隊伍就出發了。

劉星雨覺得不好意思，請花至蘭住手，不必聽疤臉隊長的話；花至蘭正在氣頭上，拿著扇子往他的頭上猛拍：

「王子，舒不舒服？」

「可……可以了。」劉星雨求饒。

「不行，隊長沒說停呢。」花至蘭很認真，咚咚咚，打了一下又一下。

「花小姐，拜託拜託，扇子給我，我幫你搧，行了吧？」

於是，坐轎子的王子開始替女僕搧風，女僕的臉上終於出現笑容。

一路上的房子蓋得很凌亂，一小段巷道就能擠進幾十戶人家。肥豬在街上與人爭道，小豬也聽不懂士兵的吆喝聲，非得士兵動手動腳，這才大搖大擺走到一邊。

愈往後走，兩旁開始出現圍牆，牆內是一間間泥磚做的大房子。房子門口種著棕櫚樹，它們被修剪得一樣高矮。

這種人家的門口多半有警衛看守。有個警衛還牽著狒狒，直盯著他們看；但是一看到祭司，又連忙低下頭。

「狐假虎威的傢伙。」花至蘭撇撇嘴。

「對呀，要是小老百姓經過他們門前，連停都不能停。」庫沙利說，「明明就只是個看門的。」

「所以這裡頭住的是誰？」劉星雨問。

「有錢的，當官的，全住這一區。」。

天上有很多鳥。鳥兒們在城市裡找食物；一隻老鷹在遠方盤旋，白色的腹部很明顯。庫沙利指著老鷹盤旋的地方，說：「王宮就在那兒。」

劉星雨坐直了身子，他一手遮著頭上的陽光，一邊往前探頭。他印象中的王宮應該像中國的皇宮，雕梁畫棟，金碧輝煌。但古埃及的王宮，看起來很樸素：

綠樹與圍牆包圍著王宮，門口有好多身穿白色短裙的士兵，門外還有巨大的神像，也是動物的頭，人的身體。

進了大門是長長的走廊，走廊兩邊應該是宮殿，但說是宮殿，其實就是一棟棟土黃色的寬大樓房。

房子與房子間種著棕櫚與柳樹；房子中央有一個水池，池裡有一些魚。

花至蘭覺得很難相信：「埃及的王宮沒有城堡，也沒有尖塔？」

「花枝丸，那是童話故事裡才有。」劉星雨在轎子上笑，「咚」的一聲，大扇子又落在他頭上了。

轎子停在一棟最大的宮殿前。祭司走下轎子，領先走進去。

他們走上鑲著金邊的地毯。地毯的盡頭有張金色的椅子，椅腳雕成獅爪，一位美麗的婦人就坐在那把椅子上。婦人四周還有不少人，看起來像大臣。

那個婦人戴著鑲有寶石的王冠，穿著白色的長裙，纖細的脖子上有條天青色的寶石項鍊。她的年紀和花至蘭的媽媽差不多，看起來像是——

「王后好。」人們紛紛向她行禮，田拉米蘇卻只是傲慢的點了點頭。

「田拉米蘇，辛苦你去主持尼羅河氾濫節。」王后的聲音溫柔又好聽。

「王后，」祭司高傲的說，「我找到王子了，你該把權杖交還給他了。」

「王子回來了？」

「王子找到了？」

大廳裡響起一陣討論。

劉星雨很緊張，要是王后知道他是假冒的，說不定會抓他去餵鱷魚。他四處張望，想著等一下該怎麼逃。

田拉米蘇沒給劉星雨逃走的機會，他用力一推，劉星雨就站到了王后的面前。

「王后，這孩子就是當年走失的王子。」

「孩子，走近一點，讓我看看

你。」

王后的聲音很溫和，眼神很慈祥，有那麼一瞬間，劉星雨幾乎忘記現在的處境有多危險。

王后看看他，點點頭：「嗯，真是個好孩子！」

聽了她的聲音，劉星雨好想跟她承認，自己根本不是王子。

可是一旦被發現自己是冒牌貨，下場可能會被抓去餵鱷魚。

「孩子，別害怕，」王后轉頭對眾人說：「自從法老王過世後，陸陸續續有好多人帶著孩子來找我，都說是我當年失蹤的孩子。」

她做了個手勢，十幾個男孩從另個小房間出來，他們有高有矮，年紀看起來都跟劉星雨差不多。

王后笑著說：「田拉米蘇，他們也都說是我的孩子呢。」

「我找到的男孩不一樣——他的腳底，可是有著皇家血統的證明。」祭司的助手把劉星雨的右腳抬起來，將他的腳底板亮給大家看。

「這孩子有胎記呀。」大廳裡的人開始交頭接耳。

田拉米蘇走近王后，說：「你仔細看看，腳底有胎記的是你真正的孩子；你應該讓他繼任為埃及新的法老王，並把這些假冒的孩子，丟進尼羅河裡餵鱷魚。」

面對這麼嚴厲的指控，王后卻不生氣：「孩子們，祭司說要把你們餵鱷魚呢——來，把你們的腳底給祭司看看。」

男孩們好像排練過一樣，大家很有默契的坐下，同時抬起他們的腳——哇，每個人的腳底板都有一塊胎記，雖然形狀大小都不同，但是人人都有。

祭司冷哼了一聲：「假的，都是假的，我帶回來的孩子才是真正的埃及王子。」

「你怎麼能對王后無禮呢？」一個畫著黑色煙燻妝的大臣說。

「卡巴布，你還不夠資格管我。」田拉米蘇說。

「田拉米蘇，真的假的不是你說的算。」幾個支持卡巴布的臣子叫嚷著。

祭司的助手立刻和反對者吵起來，大殿頓時變成菜市場，卡巴布那一派支持王后，祭司的眾多助手則忙著幫他吵架。

王后拍拍手，四周嘈雜的聲音好不容易才靜下來；她環顧四周，說：「要證明王子的真假，我倒是有個方法！」

田拉米蘇哼了一聲：「那也要看王后的方法是不是有用。」

王后用緩慢的聲音說：「我們埃及人有個說法：再久沒見面，豹子也認得出。先王在世時，曾養了一頭黑豹，小王子小時候愛跟牠玩——」

「讓王子跟黑豹在一起？」

「王子跟金子一樣珍貴，這……」

大殿再度變成菜市場，田拉米蘇更是氣憤：「用野獸認王子，太不像話了。」

卡巴布卻譏笑他：「難道祭司有別的方法嗎？」

「我……」田拉米蘇愣了一下，一時不知如何反應。

王后笑著看看大家：「如果黑豹認不出，後頭還有兩個關卡；希望太陽神和先王庇祐，能讓我們順利找出真正的王子。」

# 7 黑豹

花至蘭想知道，獵豹全力奔跑時，跑一百公尺不用六秒鐘。她替劉星雨感到擔憂，卻只能安慰他：「希望那隻黑豹吃飽了，那他就不會理你。」

庫沙利也偷偷在劉星雨的耳邊說：「聽說法老王的黑豹比貓還溫馴，法老王在世時，還常常把手伸進牠的嘴裡。」

「再溫馴的豹子也會咬人呀。」劉星雨兩腳發抖——他不是害怕，而是非常非常害怕。

豹籠大概有二十公尺長，一邊是出口，一邊是入口，兩邊都有人看守。

黑豹那身濃黑，像被打翻的墨水瓶染的；精壯的身軀在獸籠裡來回走動。

花至蘭偷偷打量劉星雨，劉星雨的臉色慘白，好像隨時都會吐出來。花至蘭這時終於覺得：她寧願搧扇子，也不要進籠子。

王后開口了：「誰要第一個上場呢？」

空氣一時變得沉重，大廳裡變得好安靜。

十幾個王子，沒人舉手。

「田拉米蘇，」卡巴布長得矮壯結實，他笑起來很誇張，「你的王子是假的吧？」

田拉米蘇哼了一聲，伸手一抓，竟然把庫沙利扔到籠子前：「他先去。」

「他？」大家都叫了起來，「他不是王子啊。」

「他敢背叛我，就讓他去豹籠裡試膽量。」田拉米蘇冷笑一聲，轉頭湊近劉星雨：「等豹子吃飽了，你再進去。」

「你……」劉星雨想跑，田拉米蘇的助手緊緊拽著他，他只能眼睜睜看著庫沙利緩緩的走進籠子。

他一進去，豹籠立刻被關上。黑豹警戒性的退了幾步，低聲咆哮。庫沙利想退但沒有地方退。豹子慢慢的移動，像在打量該從什麼地方攻擊。牠和庫沙利始終維持幾步的距離，他們互相觀察，像繞著一個圓心打轉，直到庫沙利轉到了出口方向。

吼……黑豹的身體向後一縮，後腿一蹬，撲向庫沙利。

庫沙利趁黑豹把身體往後縮的那一點點時間，拔腿就跑。

他快，黑豹更快——牠在半空中拉長身體，把庫沙利撲倒。

花至蘭發出一聲尖叫，用手摀著眼睛：「不要啊，不要啊——」

劉星雨比較勇敢，替她做實況轉播：「沒事沒事，雖然庫沙利被撲倒在地上，但——啊，好啊。」

「怎麼了？」花至蘭提心吊膽的問。

「庫沙利用腳把黑豹頂到一旁，他爬起來……唉呀……」

「他受傷了？」

「不是，黑豹又撲過去了，這回庫沙利推不開牠，黑豹張開嘴巴……」

花至蘭很緊張：「他被咬了？」

劉星雨的聲音變得興奮：「黑豹在舔他，庫沙利正用手撫摸黑豹——天哪，他推開黑豹，打開籠子的門，瀟灑的走出來了。」

花至蘭睜開眼睛的時候，庫沙利已經站在豹籠外，大口大口的喘氣。

王后讚許似的點點頭，問：「換誰了呢？」

「換誰呢……」男孩們互看彼此，沒人想當第一。

劉星雨卻被人推了一把——是祭司。

田拉米蘇低聲說：「你不進去就去餵鱷魚。」

和餵鱷魚比起來，劉星雨寧願面對黑豹，至少他還有機會跑。跑是他的長處——可能小學短跑紀錄保持人不是當假的。

進豹籠前，他回頭看了一眼：花至蘭滿臉擔心；王后微皺著眉頭；祭司則是瞪著他，似乎嫌他走太慢。

「進去就進去，庫沙利敢，我也敢。」

籠子打開了，離出口有二十公尺，只要二十步就能跑出去。

閃過黑豹，然後用盡全力跑，機會就在前面。

劉星雨小心翼翼的抬起腳，但右腳還沒踩進去，背部就被人一推——一個士兵推得他差點兒跌倒，等他抬起頭，黑豹豎著耳朵直視著他。

「咔」的一聲，籠子門被關起來。

那頭黑豹站起來了，冷冷的望著他。
劉星雨記得黑豹攻擊前會把身體一縮，這時候他得立刻跑，只要

跑得夠快，就沒有生命危險。

果然，攻擊訊號來了——一看到黑豹身體後縮，他毫不猶豫的拔腿就跑，雙手用力擺動，兩腿邁開最大的距離。

有一段時間，他只聽到自己的心跳。但就在那一剎那，一個念頭閃過，他突然往地上一趴——

咻——一道黑影竄過他頭頂，是黑豹。

劉星雨立刻側身，肩膀一頂，把黑豹頂向籠子。砰！黑豹被撞得頭昏腦脹，等牠爬起來再想追劉星雨，劉星雨已經跑出去，在籠子外頭喘氣。

「劉星雨，你實在太棒了。」花至蘭叫著衝過來，「我剛剛都快嚇死了，你竟然還敢推牠——你怎麼想到這一招的？」

劉星雨撥了撥頭髮：「英雄的智慧，不是簡單的花枝丸能猜到的。」

一旁的田拉米蘇笑得連魚尾紋都出來了：「他是王子，他絕對是王子。」

卡巴布搖搖頭：「田拉米蘇，還有十六個男孩沒試呢。」

「去呀，我看看有多少孩子敢進去。」

在田拉米蘇的笑聲中，有四個男孩嚇哭了，說什麼都不願意接近豹籠。

另外三個男孩勉強走到入口處，黑豹一吼，他們也放棄了。

能進去又安全出來的，連同劉星雨，只剩下十個人。

卡巴布幸災樂禍的說：「田拉米蘇，王子還沒選出來呢。」

「哼！」田拉米蘇問，「接下來的關卡是什麼？」

# 8 不會沉的船

第二道關卡在王宮外的港灣。三艘一模一樣的大船，船身畫滿圖案，船頭船尾也畫著天空之神的眼睛。

「這三艘船用同樣的材料與方法製造，其中兩艘一入水就會解體；沒有解體的那艘，就是法老王最喜歡的船。」王后輕觸其中一艘船的船身，用懷念的語氣說：「當年，小王子曾跟著法老王在那艘船

上玩過；經過這麼多年，希望他沒忘記是哪一艘船——這是連我也不知道的祕密。」

卡巴布得意的看看田拉米蘇，問：「如果選錯船會怎麼樣？」

「選錯船，就要看游泳的技術好不好了。」

王后的意思很明顯——不會游泳，就會沉到水裡，變成鱷魚的點心。

「一切看太陽神的旨意，祝大家幸運。請王子們各自選一艘船，然後就下水出發吧。」

王后帶著大家退到一旁。花至蘭急著想幫忙，她走近那三艘華麗的大船，分別摸了摸船身。她想，會解體的船，木板接縫的地方一定有空隙；但是研究了一陣子，也找不出三艘船的差異。

既然看不出來，她開始研究船上的船員。

船員若知道祕密，表情應該會洩漏一切。三艘船的船員都很年輕，臉上同樣畫著煙熏妝，同樣充滿了不安。就在她搔著腦袋想不出辦法時，一道黑影掠過地上，她抬頭一看，一隻老鷹停在最左邊船上的桅杆。

老鷹定定的望著她。

這是個徵兆嗎？

花至蘭搖搖頭——老鷹怎麼可能知道哪艘船是真的呢？

庫沙利也給劉星雨提意見：「左邊那一艘，看起來不錯。」

劉星雨本來想猜中間那艘船。他問：「為什麼？」

庫沙利拍拍他的肩：「風，風告訴我，左邊的船好。」

「你用猜的呀？」

庫沙利聳聳肩：「或者你要猜中間或右邊，但是我怎麼看就是沒有左邊的好——菜好或不好，總要吃了才知道，對不對？」

這話好熟呀，好像廚師的諺語——劉星雨腦裡突然蹦出鍋蓋老師的名字。

但仔細想想，鍋蓋老師怎麼會變成一個埃及少年？

不可能。

他回頭，再次打量這三艘船。

現在，每艘船上都有三個小王子。

劉星雨看看花至蘭，花至蘭正指著左邊的船：

「你要不要考慮……」

她還沒說完，劉星雨決定了：「左邊。」

三艘船同時下水，同時出發。

劉星雨緊張的望著河面，看似平靜的河水，讓人無法預測下一秒會發生什麼事。一艘帆船經過他們的船邊時，掀起一道大浪，他們的船突然顫了一下，船員們也跟著發出一陣大喊。

「我的天啊，這下子船要要解體了……」劉星雨不禁抓著船舷，心裡盤算，在船下沉之前，他要

跑到船頭，這樣可以為自己爭取一點獲救的時間。

但他的擔心是多餘的——船只是在浪花間顛簸前進，發出「咿喔咿喔」的聲音。

這時候，附近傳來一陣大叫聲。他轉頭看見，中間那艘船不知何時居然解體了，船從中間斷成兩半。原本在船上的三個小王子在水裡載浮載沉，等人來救。

「那右邊……？」

劉星雨轉頭一看，右邊船上的人也正看著他，那樣子像是在比賽誰先掉下水。

這時候，劉星雨突然發現，天空歪了一邊——但是，天空不會歪啊，那歪的是——

啊，右邊船的主桅歪了；它向前一倒，掉進水裡濺起好大的浪花，一切就像一部動作片，在劉星雨面前，分解成一幕幕快速又驚險的畫面。

花至蘭站在岸邊，她也快嚇壞了；本來擔心劉星雨，現在擔心落水的人們。

幸好，王后很快就派船到河裡救人。

劉星雨在船上向她揮揮手，這時，船桅上的老鷹也拍拍翅膀飛走了。

老鷹的樣子，彷彿在說：「沒事了，我走了，再見。」

超時空翻譯機

## 法老與太陽船

如果你是埃及的法老王，有一艘船對你的意義很重大。

古埃及人認為法老是太陽神的兒子。太陽神每天從東方坐船到天空，照耀大地；晚上同樣坐船回到地底，等待第二天重複一樣的航程。

同樣的，法老在世時像太陽神一樣庇祐子民，死後他也會搭著太陽船到地底，然後等待靈魂重生。

因此，法老王在蓋自己的陵墓——金字塔——的時候，會放入一艘太陽船，期待死後自己的靈魂會搭船回到人世。

現在埃及最大的金字塔——胡夫金字塔旁，就有一座太陽船博物館，裡頭展示了一艘太陽船，是胡夫金字塔內的太陽船的複製品。

古埃及胡夫太陽船複製品

這艘船是由木片拼裝而成，沒有使用一根釘子，卻完全不會漏水。古埃及人造船技術高超，他們把繩子穿過船身木片的孔洞，利用繩子遇水之後開始收縮，木片遇水會膨脹的原理，一縮一脹，讓船變得緊實、密不透水，自然能航行在尼羅河上。

雖然這種船抗風浪的能力較差，但是古埃及這種造船工藝後來為西亞國家接受，一直使用到中世紀。

# 9 金字塔

現在眾人已經來到尼羅河的另一岸，王子候選人也只剩下四個。

田拉米蘇把劉星雨拉到一旁：「好好努力，等你成為法老王，整個埃及就是我跟你的了。」

看他那種小人嘴臉，劉星雨只覺得他嘴巴臭，他猜古埃及人一定不刷牙。

王后指著遠方的金字塔，說：「最後一道關卡在那裡頭。」

「金字塔？太好了，那是我的地盤，哈哈哈。」田拉米蘇聽了好得意。

劉星雨忍不住問他：「難道你住在裡面？」

「聰明，」田拉米蘇難得誇他，「這座金字塔是我設計的，我也負責管理它——守護神荷魯斯庇佑，你一定會當上法老王。」

一行人坐上馬車離開碼頭。碼頭邊是個小村落，過了村落是農田，農田後就是沙漠了。

金字塔矗立在沙漠中，它是一座很高很巨大的三角錐形建築物，站在它的下面往頂端看，花至蘭只覺得頭發暈。

「埃及人也不怕麻煩，蓋這麼大的建築？」她搖搖頭，「還是在沙漠耶。」

庫沙利替她導覽：「這麼做是有原因的，我們相信，法老王的靈魂會由金字塔升上天跟太陽神結合，然後重返人間。」

「真的有法老王回來嗎？」

庫沙利眨眨眼睛，給她一抹神祕的微笑：「有的回來，有的沒回來；就像菜煮出來了，有沒有人吃，都是隨人喜好，不強求。」

「鍋蓋老……」花至蘭差點兒以為自己在跟鍋蓋老師講話。不，眼前的明明是個古埃及少年，和鍋蓋老師一點兒也不像。

他們來到金字塔底時，「叮」的一聲，耳機裡的聲音，同時提醒他們：「第四個圖案。」

花至蘭拿出闖關卡，金字塔圖案已經被一個紅圈圈圈起來。現在只剩下一根彎彎的權杖還沒被圈起來。

「找到那根權杖，就能回去可能小學了。」花至蘭想。

金字塔的入口並不在底部，而是在金字塔身的中間。

庫沙利的體力好，走在隊伍最前面；但是劉星雨跑得更快，他一下子就跑到金字塔入口，從入口往下望，花至蘭小小的，像隻小螞蟻。

從入口進去，裡頭是條石砌的通道，坡度微微向下。

花至蘭和劉星雨相互看了一眼，他們同時想起來時的那條通道——難道可以從這裡回可能小學？

通道底有個門，推開門，祭司的助手點亮四周的火把；裡頭的空間跟一個籃球場差不多，四周的牆壁全是讓人歎為觀止的圖畫和雕像。

「哇，這裡好像一個小型的博物館。」劉星雨很驚訝。

「這裡是法老王跟太陽神溝通的地方，法老王覺得他的能力枯竭時，我會在這裡幫他舉行再生的儀式。」田拉米蘇說。

「難道……今天法老王要回到人間？」一想到死人可能復活，劉星雨覺得怕怕的。

王后卻走到一道牆的前面，停了下來。

這道牆用很多石塊砌成，上面有鷹首人身的神像浮雕。王后在牆上東按按，西按按。

她按得又快又熟練，突然，一陣「嘎啦嘎啦」的聲音從大殿底下傳出。

「嘎啦嘎啦」的聲音還沒停，整個大殿一陣輕微的震動，少許的砂石從天花板掉下來。震動愈來愈大，聲音愈來愈大，在嘎啦轟隆聲中，那道鷹首人身牆緩緩往上升；牆後一片烏漆抹黑，田拉米蘇的助手點燃火把後，眾人不由自主發出一陣：「哇——」

那是個長方形的房間，裡頭堆滿黃金做的面具，精緻手工製的椅子和箱子，金銀瓶子，還有數不清的金刀銀刀……

滿屋子金光閃閃，世上最珍貴的財寶應該都被收來這裡了吧？

「這……這些東西……」卡巴布的呼吸變得急促。

「法老王的陪葬品，是王子們的最後一個挑戰。」王后很平靜，彷彿沒看見四周那些貪婪的眼神。

「要……要做什麼呢？」卡巴布問。

王后望著僅剩的四個男孩：「你們進去裡頭，誰能找到法老王生前最珍愛的寶物並帶出來，誰就是王位繼承人。」

「如果都沒人找對？」田拉米蘇問。

「祭司，在荷魯斯之神的俯瞰下，一定找得到。」王后收起笑容，一臉嚴肅，警告四個男孩：「如果你們有仔細觀察，你們應該發現這道門正在緩緩往下降；一旦門完全關起來，你們就出不來了。」

沒錯，砂石正從門上流落，沙啦沙啦，聲音不大，但讓人很緊張。

但是，法老王最珍愛的寶物到底是什麼呢？

「黃金面具，因為看起來最貴，」劉星雨推了推面具：「可惜我搬不動。」

庫沙利揀了根棍子，幫著在那堆寶物裡翻找，一邊提醒劉星雨：

「別忘了——法老王什麼都不缺。」

「沒錯，黃金他可能看不上眼，」花至蘭加入討論：「就像我爸爸最重要的寶貝是他的觀察筆記；媽媽最愛的寶貝是我；而我的寶貝是百科全書。」

「所以，東西不一定要貴重，對他卻是意義重大。」花至蘭做了結論。

說是這麼說，但滿坑滿谷的寶，每樣看起來都很有意義啊……

超時空翻譯機

## 金字塔

如果你是個古埃及人，你可能沒有料想到，金字塔會是人類歷史上最大的謎團之一。

金字塔的主要功能是法老王的陵寢，據說是為了保護法老王，並且讓法老王由人轉為神的安全通道。不過，現存的金字塔裡，卻不見法老王的屍體——難道他們真的都從金字塔升天了嗎？

這是一個好問題，可惜目前還沒有人找到答案。

目前考古學家在埃及找到了一百多座金字塔，數目無法確定的原因在於，很多金字塔保存不佳，可能風化或倒塌，到底原本是否為金字塔，也沒人能確定。

位於開羅附近吉薩高原上的吉薩金字塔群，是公認的「世界新七大奇蹟」之一。其中，最大、最有名的是祖孫三代金字塔——胡夫金字塔、卡夫拉金字塔和孟卡拉金字塔，其中又以胡夫金字塔最為壯觀。胡夫金字塔的高度相

古夫金字塔

吉薩金字塔群

當於一棟五十多層的大樓，塔旁還有一個巨大的人面獅身像。據說當時動用了十萬個人，用了十年的時間修築金字塔內的石道和地下墓穴，又用了二十年時間才砌成塔身，整個工程歷時大約三十年。

幾千年過去，大家對金字塔的好奇從未停止，也促使科學家們不斷提出關於金字塔的新研究、新說法。

# 10 權杖

王后宣布，王子候選人留下，其他人都退出去。她對著王子們說：「只要及時出來，就算你不是真正的王子，你帶出來的寶物，也能帶回家。」

「哇——」眾人都發出羨慕的聲音。

庫沙利離開房間前，拍拍劉星雨的肩：「願太陽神與你同在。」

花至蘭也鼓勵他：「不管你帶什麼出來，一定比故宮的翠玉白菜還值錢。」

「該怎麼拿呢？」劉星雨站在離石門不遠的地方；他的腳程快，如果石門真的落下來，他還有時間逃出去。

法老王最珍愛的寶物到底是什麼呢？

威嚴的黃金面具？

精美的黃金項鍊？

其他三個男孩也在找。

最高的男孩找到一頂王冠，但是他很快就發現另一頂更華麗，猶豫著不知道該選哪頂。更糟的是，他又在一個箱子裡，發現一頂更大的王冠。

胖男孩拉了一艘小尺寸的黃金船，他想，即使自己當不上法老王，帶一艘黃金船回家好賣錢。

同時，他貪心的把黃金項鍊、手環全堆到船上。

最瘦的男孩本來只想抱一尊金神像出來，跑到一半，覺得這樣太吃虧了，於是又找來許多金項鍊，把它們一條條套在神像上。

劉星雨呢？

花至蘭在門口提醒他：「法老王要什麼有什麼，對他來說，什麼都不稀奇。」

「所以……那個東西一定是不能掉，也不能丟的……」劉星雨看看石門，門還在持續往下降，但距離完全關門還有一些時間。他的視線在房間裡逡巡，轉頭瞄見瘦男孩還在找項鍊；那堆首飾箱裡原本插了一根彎彎的金棒子，瘦男孩俐落的把它拔起來，扔到一旁，然後拾起成串的寶石項鍊，一股腦全掛在神像的脖子上。

花至蘭瞄到被瘦男孩丟到一旁的金棒子，她突然想到，鍋蓋老師給的闖關卡上，第五個圖案不就是一根彎彎的權杖？

她大叫：「劉星雨，拿那根金棍子！」在她費力大喊的同時，石門落下的速度加快了；嘎啦嘎啦，石門夾帶的砂石落地後，空氣裡瀰漫著灰塵，什麼也看不清楚。

嘎啦嘎啦嘎啦……

門快落地了。

花至蘭急得心臟都快跳出來了：「劉星雨，快呀，你快出來呀！」

她急得大吼大叫，突然，就在門距離地面剩不到三十公分的高度時，一個人用滑壘的姿勢滑了出來——是劉星雨。

他的手裡就抓著那根頭彎彎的權杖。

此時，石門外的人全趴在地上，朝裡頭大喊：「快出來，門要落下來了！」

胖男孩拉著黃金船，船上的寶石滾到地上，他捨不得，追著寶石跑；高男孩頭上戴著珠寶王冠，他的身高加上王冠的高度，一時之間讓他卡在門口；瘦男孩想要抱起神像，但是，神像加了太多項鍊變得太重，他抱不動，又不願意離開。

「出來，快出來。」情況危急，連庫沙利也在一旁喊著。

胖男孩追著那顆滾落的寶石，沒注意到門的動靜。

高男孩放棄頭上的王冠，庫沙利和劉星雨合力拉著他，在門落下前的最後一刻，順利逃出來。

碰的一聲，石門落地，隨之而來的是一陣巨大的聲響，彷彿巨石滾動。所有的人都感受到那股威力，整座金字塔微微的搖晃。

花至蘭好像聽到門後有慘叫聲，她著急的問：「有後門嗎？」

王后搖搖頭：「沒有，這裡只有一個石門。門落下來，就打不開了。」

「就是他，就是他，」此時傳來田拉米蘇得意的聲音，「王后，這孩子拿出法老王的權杖，證明他是真正的埃及王子。」

「我……」劉星雨嚇了一跳。

王后看著劉星雨，緩緩的說：「可惜，他拿錯了。」

「不管他拿的對不對，只有他從裡頭拿東西出來呀！」田拉米蘇

很不服氣，他指著高男孩說：「他什麼都沒拿出來，另外兩個困在裡頭出不來。」

王后搖搖頭：「真正的王子，早就拿到真正的寶物出來了。」

田拉米蘇快瘋了，他拉著那個放棄王冠的高男孩說：「你看清楚，他雙手空空，什麼都沒有。」

王后看了大家一眼：「法老王共有五根權杖，那全是真理村最好的工匠做的；只是，一個東西再好，多了就不稀奇了。」王后指著庫沙利，笑著把他手裡的木棍拿過去，「這是法老王親自為他第六個男孩做的生日禮物。」

「叮——」劉星雨和花至蘭的耳邊又響起清脆的聲音。

劉星雨看看花至蘭，花至蘭偷偷瞄了一眼闖關卡，第五個圖案也被圈起來了。

他們看看庫沙利，那根木棍是他剛才從寶藏室裡撿來幫忙翻找寶物的。這根木棍乍看不起眼，仔細一看，其實上面刻著一條蛇，蛇眼上鑲了兩顆黑色的寶石。

「不知道什麼原因，法老王的孩子，一個接著一個過世，只剩下第六個男孩。法老王做了一根權杖送他，希望他能順利長大，繼承王位。」

「他只是我的助手的助手的助手，」田拉米蘇祭司狂笑：「而且，他的腳上沒有胎記。」

「當然沒有，胎記是我編出來的。」王后說，「真正的王子在他五歲時，就被法老王送去真理村，請一個陶匠收留他。」

「王子不是走丟的？」卡巴布問。

「法老王擔心這剩下的孩子也有危險，所以請陶匠撫養，希望可以躲避死神的召喚。還好，這孩子聰明又認真，後來還變成田拉米蘇祭司助手的助手的助手。」

「不可能！」田拉米蘇生氣的狂吼。

王后朝庫沙利招招手，牽起他的手，聲音變得好溫柔：

「從這孩子走進黑豹籠子的那一刻，黑豹就認出他來了。」

庫沙利微笑的看著王后。

花至蘭拍著手說：「難怪他也選對了船。」

「而現在，又帶著法老王的權杖出來。」王后把權杖交給庫沙利：

「你記得這是法老王為你做的？」

庫沙利點點頭，他笑了：「養父要我保守祕密，連大祭司都不能說。」

「我的孩子。」王后摟著他，流著淚說：「你終於回來了。」

祭司發出冷笑：「好感人哪，原來王子早就知道自己的身分？」

王后臉色一變，怒目瞪著祭司：「害死法老王孩子們的是誰？法老王出事的那天，是誰邀他去獵河馬？祭司，你要不要告訴大家？」

田拉米蘇用嘲諷的口氣說：「你這麼聰明，今天又母子團圓了，不如我讓你們母子留下來陪法老王吧！」他說完後拍了拍手，四周立刻出現好多帶刀的助手。

田拉米蘇狂笑著：「快把王后和王子抓起來。」

他對著助手下命令，幾個人想拔刀，卻被旁邊另一群助手架住。

「這是怎麼回事？」田拉米蘇很疑惑。

「田拉米蘇，法老王懷疑你很久了，只是沒想到你會那麼快動手——你的手下，早就被他換掉一大半了。」王后大聲下令：「效忠法老王的人，把這些叛徒全抓起來。」

大殿裡立刻亂成一團；大家你看我，我看你，一下子分不清楚誰跟誰是同一夥。庫沙利趁亂拉著劉星雨和花至蘭到一旁，說：「跟我來。」

庫沙利對金字塔好像很熟，他把兩人帶到大殿的右邊的石門前，在門上按一按，那門嘎啦嘎啦的往上升。

「你們進去，跟著光走，就能找到出口。」

「那你呢？」花至蘭問。

「客人還沒走，廚師怎麼能走出廚房呢？」庫沙利笑著說：「我得去陪我媽呀。」

「鍋蓋老師？」花至蘭脫口而出。

「什麼老師？」

「鍋蓋老師最愛講這些廚師諺語了。」

庫沙利搖搖頭：「我聽不懂。你們快走吧，我得回去加入戰鬥，等我把祭司抓起來，再去找你們。」

嘎啦嘎啦，石門緩緩上升。

門後又是一個通道，坡度微微的往上。

通道裡不黑，因為前方有道微光，指引著劉星雨和花至蘭。

如果他們有拿量角器來量，他們就會知道，這個通道以二十六度角傾斜的坡度向上而去。

而那個流洩出來的微光，其實來自門上鱷魚神的眼睛。

超時空翻譯機

## 法老王

如果你是古埃及人，你怎麼分辨眼前的人是不是法老王呢？如果認錯了人，那不只是尷尬，甚至有可能會掉腦袋。

幸好，法老出門總會有一大群官員、士兵與僕人陪伴；他的頭上也會戴著王冠，手裡拿著權杖——基本上，不太容易讓你認錯。

法老王戴的王冠是紅白雙冠，代表上下埃及的統一，也象徵法老王統治整個埃及。王冠上面有兩種動物：一條準備出擊的埃及眼鏡蛇，象徵下埃及的守護女神；一隻埃及禿鷲，象徵上埃及的守護女神。

法老王的權杖有幾種樣式，其中一種是由兩根長棍子組合而成。一根是彎鉤狀，原本是牧人的工具；另一根做成「連枷」的樣子，原本是農人拿來打小麥用的。這兩種權杖一起使用，象徵國王的統治權力。

法老王的保護神是眼鏡蛇。法老王的王冠和頭飾上通常會有眼鏡蛇的圖案，牠們能向攻擊法老王的敵人吐出火焰，保護法老王；眼鏡蛇同時也是統治者的象徵。

Head of Menephthah, the Pharaoh of the Exodus.
法老王頭上的眼鏡蛇

# 11 老師是……

走了很久很久，就在劉星雨和花至蘭覺得這條路好像永遠走不完的時候，他們走到一扇門前。

門上有個小孔，光就從那裡來。

劉星雨和花至蘭同時伸出手，同時感受到一股微小的電流，從指尖到髮梢到腳趾，身體每一處都感受到了。

好像有股磁力，吸引他們把門推開。

一開門，嘿，外頭陽光耀眼，好多人在他們面前走來走去。那是可能小學的同學們。

那剛才——

兩人回頭，剛才出來的地方現在變成一塊巨大的帆布畫，一隻很沒精神的鱷魚神就站在他們後頭。

「那道門呢？」兩人同時大叫。

「你們完成了嗎？」是鍋蓋老師，他拍拍劉星雨的肩膀：「很多組都交了哦。」

「完成？」劉星雨一下子沒會過意；有那麼一瞬間，他以為自己還在埃及呢。

「找出闖關卡上的五個圖案，這堂課才能拿高分。」鍋蓋老師提示，「例如鱷魚圖案，其實就在左邊的牆上。」

劉星雨想起來了，他從口袋裡拿出那張莎草紙做的卡片。五個圖案，現在上頭都有一個紅圈。

「啊，雖然完成了，卻是最後一組到，我該給你們幾分呢？」鍋蓋老師摸摸嘴上的綠色鬍子。

「老師，我們剛從古埃及回來耶。」花至蘭大叫。

「埃及？同學，你去的埃及就在可能小學裡面啊！」鍋蓋老師嘆口氣，「我這麼精心布置，難道你們看不出來嗎？」

「老師，我們真的去了埃及，遇見一個埃及小王子和大祭司。」花至蘭激動的說。

「還在演啊！那我說，我就是那個埃及王子，你信不信？」

「王子？」花至蘭突然想到，「老師，那個小王子跟你好像哦。」

「我像小王子？」鍋蓋老師摸摸她的額頭，「奇怪了，沒發燒呀。」

「鍋蓋老師，我說的是真的，那個王子也喜歡說一大堆廚師的諺語。」

「真的嗎？難道他也留了這種綠色的抹茶鬍子？哈哈哈哈。」鍋蓋老師說完，踩著大步走了。

花至蘭和劉星雨望著他的背影……

「花至蘭，你在做白日夢，如果庫沙利是老師，他怎麼沒有米粉頭？」劉星雨說。

「可是，你仔細看呀，老師只要把米粉頭理掉，他跟小王子的背影幾乎都一樣啊。」

「老師是王子，這有可能嗎？」劉星雨說。

「別忘了，在可能小學裡……」

「沒有不可能的事。」他們同時把這話念完，很有默契的笑了起來。

# 絕對可能會客室

在古埃及，法老被認為是神在人間的分身。而祭司則是法老的代理人，代替他為神服務，也就是神的僕人。祭司掌握人與神溝通的權力，一人之下，萬人之上，神聖非凡。

現在，絕對可能會客室邀來一位祭司，由他現身說法，揭開這個職位的神祕面紗。

：歡迎大家收看「絕對可能會客室」。

：在絕對可能會客室，遇見你絕對想不到的人物。

：（尖叫）那怎麼可能？

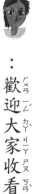

：所以才叫做「絕對可能」啊。

：我們今天請來的嘉賓是……

：各位，請起立尖叫加鼓掌，歡迎來自古埃及真正的祭司——田拉米蘇。

：好了好了，不要尖叫和鼓掌了，這不是我的風格。

：祭司的地位這麼崇高，我以為你會喜歡高調啊。

：祭司，你除了理光頭，居然連眉毛都剃掉了；這種酷斃了的裝扮，就算在現代人身上也很少見。

：祭司把頭上的毛髮剃光，不是為了追求流行。我們祭司是神在人間最純潔的僕人，只有把毛髮都理得乾乾淨淨，才能跟神祇打交道，替偉大的法老王與天神溝通。

：說到與天神溝通，你們的法老王過世了，為什麼一定要住進金字塔？

：你可以這樣想：活著並不是活著，過世也不是真的過世，那只是靈魂暫時與肉體分離。

：聽起來挺可怕的。

：你也可以把它想像成法老王在睡覺——你睡覺時會害怕自己嗎？

：我睡覺時頂多做夢，除非做惡夢。

：法老王做的是美夢。他在夢中，也要過著跟在人間一樣的生活，所以我們為他蓋豪華的金字塔，裡頭裝滿金銀珠寶；所有他在美夢中會用到的東西，都會被放進金字塔。

：聽說，法老王活著時，就要先把金字塔修建好——事先建好自己的墳墓，多不吉利啊！

：法老王永恆的宮殿，是從他登基那天開始蓋的；愈舒適、豪華愈好，因為尊貴和崇高是沒有極限的。

：那要花多少人力、物力呀？

：埃及有那麼多的工匠，只要我說一句話，誰敢不聽？從山上開採石頭；從陸地把石頭拉到金字塔預定地——你們能想像嗎？那是多麼盛大、多麼壯觀的畫面，而這些人全都聽我調度，全部服從我的指揮。

：你是如何指揮這群人，替法老王建造金字塔？

：這就是一種「職場管理學」：只要給工匠們不錯的待遇，他

們就願意賣命。而且，別忘了，法老王也沒虧待他們——法老王給他們的不只是一份工作，更是一個為埃及奮鬥的生存意義。對他們而言，至少，他們得到來世的承諾。

：什麼承諾，要到來世才會兌現？

：法老王承諾這些參與興建的人，到了來世，都享有繼續幫他蓋金字塔的權利……

：什麼？來世還要再做這麼辛苦的工作，這不是太可憐了嗎？

：法老王很大方的，他除了讓工匠們工作後有啤酒、麵包可享用，連他們死後也能帶著啤酒罐和麵包下葬；這麼好的待遇，只有法老王才給得起呀。

：太殘忍了。

：可是值得——古代世界的七大奇蹟，不管是空中花園，還是宙斯神像，能流傳到現代還屹立不搖的，也只有金字塔。

：那證明你們比別人更殘忍……

：那證明我們比別人更努力……

：（急忙拉著鏡頭對著自己）各位觀眾，由於今天的嘉賓與主持人之間有比較多的意見交流，我們的錄影時間又到了，只好請大家……（咻——一個麥克風飛過他的頭頂），請大家下回繼續收看「絕對可能會客室」，我們下次見。

# 絶對可能任務

設計者／天母國小教師　梁丹齡

經歷了古埃及的超時空
冒險，花至蘭和劉星雨
對埃及古文明有了更多認識。
那你呢？
接下來的關卡換你接手，讓不可能的任務
成為可能吧！

**第1關** 請參考以下網址，用古埃及象形文字，拼寫出埃及法老王拉美西斯二世(Ramesses II)的名字。(http://www.quizland.com/hiero.mv)

**第2關** 「尼羅河水天上來，奔流到海不復還；埃及子民齊歡慶，飲過此水心永留。」謎語說的是古埃及的哪一個節慶？

**第3關** 「埃及國花住水邊，能做食物能蓋房，剝去綠皮削薄片，橫直交錯晒成紙，希臘羅馬都愛用。」

謎語指的是哪一種埃及有名的水生植物？

**第4關** 金字塔旁的「麥地納」工匠村，一朝入住地位立即提升。如果想入住，説難不難卻千金難買，應該如何拿到入住證呢？

**第5關** 花至蘭常被叫成「花枝丸」，我們稱之為諧音雙關語。故事中還有兩個重要角色的名字也屬於諧音雙關語，你能找到嗎？

**第6關** 為什麼埃及人會將貓做成木乃伊？

**第7關** 「荷魯斯之眼」在埃及文化中很重要，不僅法老的太陽船船身會畫上，連古埃及人也群起仿效，畫著濃濃的煙

熏眼妝。「荷魯斯之眼」為什麼這麼重要？

## 第8關

鍋蓋老師設計的闖關卡中有五個圖案，都是代表古埃及的文化符號。看完本書後，假設你是考古學家，寫出這五個圖案各自代表的意義。

| | |
|---|---|
| 老鷹 | |
| 鱷魚 | |
| 像蘆葦的長草 | |
| 金字塔 | |
| 彎彎的棍子 | |

## 答案

1 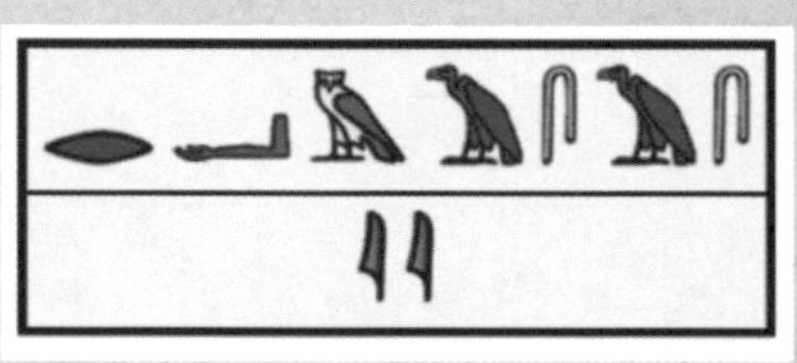

2 尼羅河氾濫節

3 莎草

4 要有精湛的手藝，可以製作金字塔需要的物品，例如：石匠、雕刻匠、畫匠，也有皮革匠

5 劉星雨（流星雨）／田拉米蘇（提拉米蘇）

6 埃及人太喜歡貓了，生前受人供奉的貓，死後也會被做成木乃伊，期待有一天牠們會重返人世

7 「荷魯斯之眼」有明辨善惡、保佑幸福健康的意義。畫在船身上表示祝願旅途平安

8

| | |
|---|---|
| 老鷹 | 鷹神荷魯斯（也稱天空之神），祂的眼睛是能明辨善惡、守護健康平安的神聖之眼 |
| 鱷魚 | 鱷魚神索貝克，法老王守護神 |
| 像蘆葦的長草 | 莎草，埃及國花 |
| 金字塔 | 法老王的陵墓，也是做為讓法老王由人轉為神的安全通道 |
| 彎彎的棍子 | 法老王的權杖 |

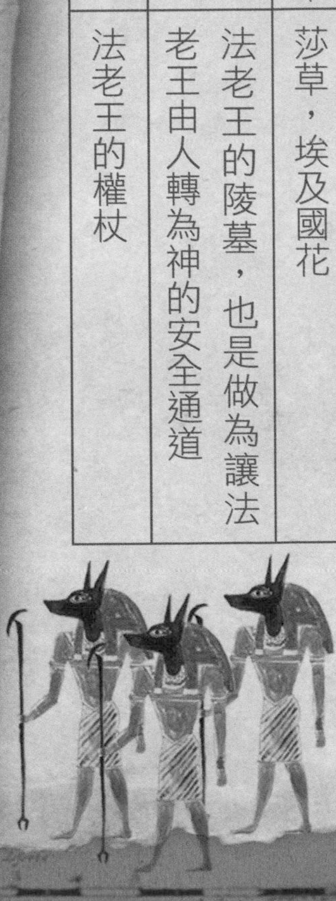

作者的話

# 增進學習動機的社會課

為什麼會寫可能小學呢？很大一個原因是——不少孩子怕社會課。社會課難嗎？

打開小學社會課本，裡頭從小朋友住的社區出發，漸次認識自己的家鄉到台灣到世界，照理講應該很有趣。

問題出在，社會課不比自然課，自然課可以帶小朋友去校園看蝴蝶，找花草，也可以動手做實驗；社會課也不比藝文課，塗塗畫畫彈彈唱唱多愉快。

社會課的困難是，講到鄭荷大戰，你沒辦法請鄭成功來到眼前；說到萬里長城、復活節島，絕大多數的孩子也沒去過。

歷史無法重來，它們也離孩子們太遠，很難感同身受。如果不幸，碰上講課喜歡天花亂墜的老師，多半的課堂時間全拿來講歷史八卦、自己的旅行趣事，稍一不慎就成了閒扯；雖然孩子聽得開心，但對社會課的理解依然似懂非懂。

如果你問我，我會說，最好的學習當然是到現場。

我去過西安，站在秦始皇陵的兵馬俑前，八千個兵馬俑氣勢磅礡，它們是我創作【可能小學系列】第一本《秦朝有個歪鼻子將軍》的起點；我也去過黃鶴樓，搭船下過長江，體會當年李白下江陵的暢快，送別孟浩然的愁緒。那回我是帶著孩子同去的，後來她讀到相關的地理、歷史時，特別有親切感，也學得特別起勁。

「行萬里路勝讀萬卷書」，說的就是這個道理。

然而，大部分的孩子沒有機會去這些地方，課堂上，也不可能再重現這些歷史時代。

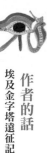

讓我來吧！

這套【可能小學的西洋文明任務】就像四堂有趣的社會課。它帶著孩子們穿越時空，重回那波瀾壯闊的古文明，感受時代的氛圍，踏進古人的生活，來一場想像與知識結合的大冒險。

可能是在古埃及時代在尼羅河上划船。

也可能在亞述帝國，參與了一場可怕的征戰。

穿越，能拉近孩子與古人的距離。

這可能嗎？

可能小學的校訓就是：在可能小學裡，沒有不可能的事啊。

所以，透過【可能小學的西洋文明任務】，孩子們會有一種跟著書裡角色重回古文明冒險的感受，一起與歷史人物對話，走進歷史的關鍵時刻，了解當時的時代背景，體會當地的風俗文化。

等到有一天，當社會課上到古文明時，相信很多孩子會有種「啊，這裡我來過」的驚喜感。

因為熟悉，自然覺得有趣——那種人與時代氛圍相連結的快樂，就是學習的最好動機。

有了動機，這就是學習的起點，因為孩子將這裡當作支點，進而串連起社會課程的點、線、面。那時的社會課，將不只是考試要考的科目或材料——課本搖身一變成為旅遊指南，而孩子當然就是最好的導覽解說員。

你還覺得不可能嗎？

別忘了，在可能小學裡，沒有不可能的事喔！

審訂者的話

# 長了翅膀的想像力

◎中興大學歷史系教授　周樑楷

搭捷運到動物園，已經讓人有數不盡的期待了。接著，還走過一條祕密通道，就可以抵達「可能小學」。這所小學的特色，就是一切充滿無限的可能。

為什麼說這所小學和其他的學校不同，處處都有各種可能呢？因為從這所動物園附近的小學，剎那間就到了古文明時代，遙遠的埃及王國和亞述帝國。到了這兩個地點以後，鍋蓋老師和劉星雨、花至蘭兩位學生，個個都像小鳥長了翅膀一樣，一下子在尼羅河的東岸，一下子又到了西岸。再說，這兩個國家存在的年代，古埃及方尖碑首度出現，距今少說有五千多年，而亞述帝國稱霸兩河流域大約在兩千六百多年前。算一算時間，兩者相差至少有兩千多年之久。主角們居然在各文明間來去自如，絲毫沒有倦容，真是如同長了翅膀一樣。

在「可能小學」裡的故事情節，就像許多「穿越時空」的小說、戲劇或電影，處處充滿可能，令人驚喜。然而，「可能小學」並非僅僅為了滿足好奇心，大家嘻嘻笑笑，快樂就好。我們不妨再追問，為什麼人們可以在剎那間飛來飛去，「穿越時空」呢？其實，這個提問可以說是個「大哉問」。這正是古埃及那座人面獅身像向世人考試的謎題。

答案就是「思想」，或者說，就是「想像力」。

想像力屬於思想的能力。打從六、七萬年前，智人演化形成現代人類後，人人先天都具有這種能力。因為想像力，人類才能創造一切，才得以和其他各種動物有別。想一想，世上哪裡有「人面獅身」這種生物呢？「空中花園」的巧思又是從哪裡來的呢？古埃及有類似象形的文字，兩河流域有刻在泥板上的楔形文字，它們到底怎樣被創造出的？說穿了，這一切都和人們的想像力有關。

有了想像力，人們就像長了翅膀一樣，可以穿越時空，更可以創造文化和文明。

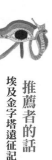

「可能小學」是一個提供想像力和自由開展的空間。然而，「可能小學」也注意到，從想像力的發現到創造力的落實之間，還需要添加一點理性，有憑有據的，以事實為依據，否則就變成幻想泡影。因此，在「可能小學」裡也公布了「超時空翻譯機」的貼文。這些短篇文章，就是一般人所說的「歷史」。

你可能不知道，一流的歷史學家除了想像力，也需要實事求是的功夫。就在亞述帝國和新巴比倫帝國結束以後，波斯帝國成為兩河流域新興崛起的霸權。大約西元前五世紀的時候，在今日土耳其地區，有位希臘人名叫希羅多德；他曾經親自走訪尼羅河及兩河流域，以類似田野調查的方式，「探索」古埃及、兩河流域的歷史，同時也描寫波斯帝國和希臘城邦發生戰爭的種種經過。希羅多德首先以「探索」稱呼自己的工作；而「探索」的古希臘文就是後來西方語文中「歷史」這個名詞的來源。也因此，希羅多德日後被尊稱為「歷史之父」。

「可能小學」希望每位學生都可以開展雙翼，運用想像力，自由飛翔。只要多下點探索的功夫，實踐創造力，人人都可以是「實事求是」的史家！

可能小學的西洋文明任務 ——— 1

# 埃及金字塔遠征記

作　　者｜王文華
繪　　者｜貓魚

責任編輯｜許嘉諾
美術設計｜也是文創有限公司
行銷企劃｜葉怡伶

天下雜誌群創辦人｜殷允芃
董事長兼執行長｜何琦瑜
媒體暨產品事業群
總經理｜游玉雪
副總經理｜林彥傑
總編輯｜林欣靜
行銷總監｜林育菁
副總監｜李幼婷
版權主任｜何晨瑋、黃微真

出版者｜親子天下股份有限公司
地址｜台北市 104 建國北路一段 96 號 4 樓
電話｜（02）2509-2800　傳真｜（02）2509-2462
網址｜ www.parenting.com.tw
讀者服務專線｜（02）2662-0332　週一～週五：09:00~17:30
讀者服務傳真｜（02）2662-6048
客服信箱｜ parenting@cw.com.tw
法律顧問｜台英國際商務法律事務所 ・ 羅明通律師
印刷製版｜中原造像股份有限公司
總經銷｜大和圖書有限公司　電話：（02）8990-2588

出版日期｜ 2017 年 6 月第一版第一次印行
2024 年 6 月第一版第十六次印行
定　　價｜ 280 元
書　　號｜ BKKCE017P
ISBN ｜ 978-986-94844-2-8( 平裝 )

訂購服務

親子天下 Shopping ｜ shopping.parenting.com.tw
海外 ・ 大量訂購｜ parenting@cw.com.tw
書香花園｜台北市建國北路二段 6 巷 11 號　電話（02）2506-1635
劃撥帳號｜ 50331356 親子天下股份有限公司

立即購買 >

有聲故事書

國家圖書館出版品預行編目資料

可能小學的西洋文明任務 . 1, 埃及金字塔遠征記 / 王文華文 ; 貓魚圖 . -- 第一版 . -- 臺北市 : 親子天下 , 2017.06
176 面 ; 17x22 公分
ISBN 978-986-94844-2-8( 平裝 )
1. 文明史 2. 世界史 3. 埃及文化 4. 通俗作品
713　　106007676